ぴーちゃんは人間じゃない？

ADHDでうつのわたし、
働きづらいけど
なんとかやってます

ぴーちゃん（パレットーク）

イースト・プレス

はじめに

わたしはパレットークという
WEBメディアで働く
イラストレーターです
次のマンガ、上げときましたー
ありがとう!!
いまの仕事はとてもたのしいのですが、
じつは、わたしはある障害を持っています

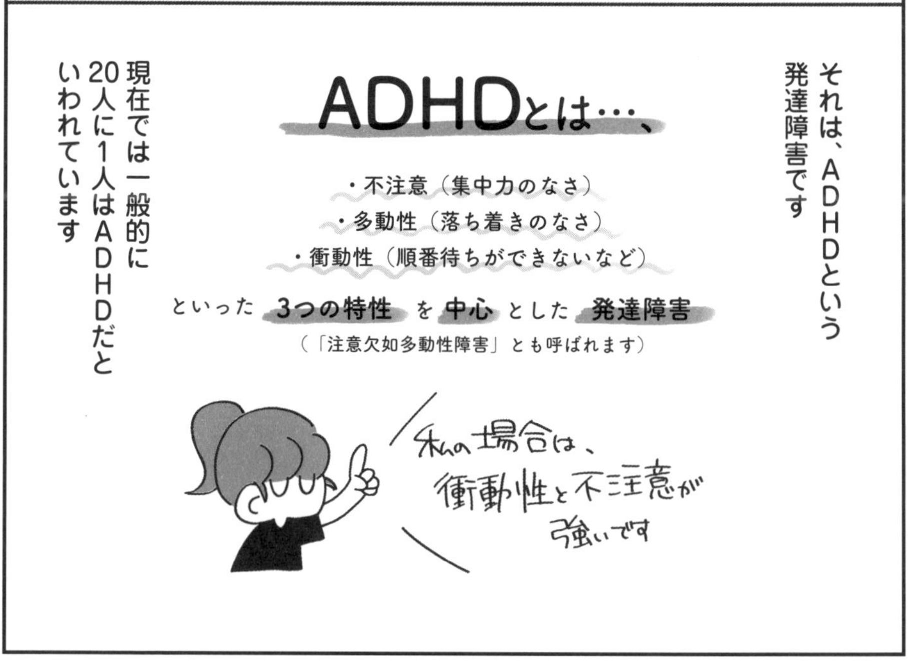
それは、ADHDという
発達障害です
ADHDとは…、
・不注意（集中力のなさ）
・多動性（落ち着きのなさ）
・衝動性（順番待ちができないなど）
といった 3つの特性 を 中心 とした 発達障害
（「注意欠如多動性障害」とも呼ばれます）
現在では一般的に
20人に1人はADHDだと
いわれています
私の場合は、
衝動性と不注意が
強いです

発達障害の症状や度合いは
人それぞれですが、
ガッチャン！
ドーン！
バン！
ピピーッ！
聴覚などの感覚が
過敏
？ ？ ？
金銭の管理や計算が
苦手
わたしの場合はこのような
症状があります
大きさ
カンケーなし！
忘れ物や失くし物が
多い
ヤベー！
4時間前に
支度しても
なぜか遅刻
時間の管理や計算が
苦手
などなど…

いまでは障害を持っていることすら
周りに忘れられてしまうほど
馴染んでいますが、
昔は
すっごく
暗かったのにねー
高校の頃→
あはは…
じつはこの障害が発覚したのは
つい1年前のことで、それまでは
いまとはまったく違う人格でした

そんなわたしがたのしく生活や
仕事ができるようになるまでを
家族関係や恋愛、障害など
さまざまなことをおりまぜて
お話ししていこうと思います
よろしくおねがいします！
ペこり…

ぴーちゃん年表

年齢	出来事
0歳（1997年）	生まれる
3～5歳	母親が半育児放棄＆虐待
6歳	小学校入学＆両親離婚
7歳	祖母と一緒に暮らしはじめる
12歳	父、妹と三人暮らしになる
13歳	中学校入学＆人間じゃないと気づく
14歳	初めて自殺未遂をする
16歳	美術系高校入学
17歳	先生にうつをアウティングされる
18歳	美術大学に入学
19歳	不登校気味になる
20歳	発達障害＆うつ病と診断される
21歳	パレットークで働きはじめる
22歳	精神状態の限界で大学を退学する
23歳	連載漫画が書籍化する
この先	人間になれるのか…？

ぴーちゃんは人間じゃない？

登場人物紹介

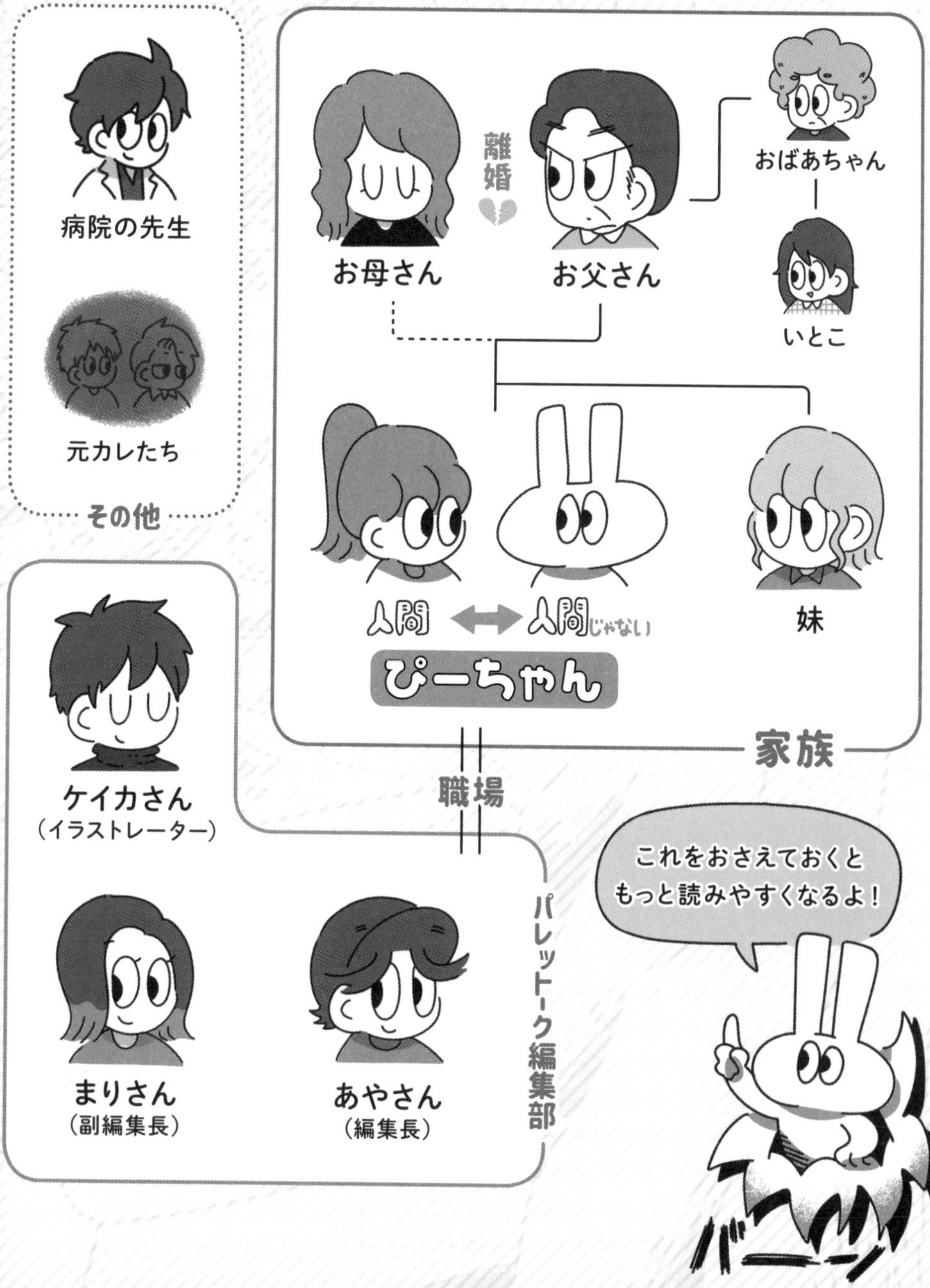
病院の先生
元カレたち
その他
お母さん
離婚
お父さん
おばあちゃん
いとこ
人間
人間じゃない
妹
ぴーちゃん
家族
職場
ケイカさん
（イラストレーター）
まりさん
（副編集長）
あやさん
（編集長）
パレットーク編集部
これをおさえておくと
もっと読みやすくなるよ！
バーン

❶ 最初の壁

思い返せば、小さいころから
○×ようちえん
××ぐみ
せんせー かいてあげる
ありがと！
かわいく 描いてね～！
わたしにはいろいろな壁がありました
きゃ～ キ
わ～
きゃ～
わたしの最初の壁は、母親でした
また明日ねー！
ばいばーい

ただいま‥‥
こども
べや
ままおなかすいた
‥‥
なんでいつも子ども部屋にいるの？
そこ、わたしの部屋じゃないの？
キイイ‥‥

いいかげんにして!!
うるさいのよ!!
パンッ
!
母は、育児や家事をほとんどせず、
引きこもってばかりでした
いたーいよおおおォォママあああぁ
たまに出てきては手を上げるような人で、
わたしの部屋だったはずの子ども部屋には
酒瓶が転がっていたのを覚えています

家にいると母に怒られるので、
真冬でも外で妹と遊びながら
おとうさん
おかえりー!!
薄着
鼻水
薄着
父の帰りを待っていました
父は当時、
そんなわたしたちを見て
なんて情けないんだ…
ごめんな…
ぐすん…
?
どうしたの??
涙が止まらなかったそうです…

❷ わたしは頭がおかしい？

まま、あのたてものはなに？
病院よ あんたみたいな子が行くところ
え？ わたし元気だよ？
あそこは、頭がおかしい人が行く病院
あんたは頭がおかしい子だから

はやく
家に入りなさい!!
やだ
やだー!!
キ
キ
おもちゃ
片づけなさいよー!
…
おかえり
ぴーちゃん!
…どしたの?

…そんなこと いわれたの?!
ほんとにひどい!
そんなことないのに…

わたし、おかしくなんかないもん…
ぎゅ…

❸ どうしようもない子？

わたしが小学1年生のころ、
母は家を出ていきました
とある年の家庭訪問の日…
おばあちゃんと先生、なに話してるんだろ
そ…
……
……

父子家庭でも、おばあさまがいると心強いですね！
でも・・・
あの子、学校のことは全然教えてくれないから心配なのよ
実は…
すこしいじめられ体質なところがありまして…
デブだ!!
じゃまだよデブ!!
ひそひそ…
そうよね…ぽっちゃりしてるし、勉強も苦手だから…
だと思ったわ…

わたし、あの子を学校に行かせるのをやめようかと思ってるんです
きっと、どこに行ってもいじめられるだろうし…
おばあちゃん、そんなふうに思ってたなんて…

そんなにわたしって
どうしようもない子
なのかなぁ…
もうすぐ
中学生なのに
大丈夫かな…

❹ 中学生

わたしは、中学生になりました
中学校
入学式
……。
もっと笑えよ、写真なんだから
そして、中学に入ってからの日々は
わたしの人生を大きく変えてしまったのでした

……。
お前は平均点以下だから
廊下出とけ
こんな簡単な問題
質問すんじゃねえぞ
期末テスト
がんばろう!

キャー
もっとおかず増やせよー！
えっームリだって
…。
…。
家で不満そうな顔しやがって…おれはお前みたいな女が大嫌いなんだよ

なんか
生きづらいな
ネットで調べて
薬買ったけど、
ちょっとしか飲めなかった
自殺すらできないなんて
どこまでダメ人間なんだ…
あ、そうだ…！

どこ行ったのかと思ったら…お父さんはすぐ物を捨てるんだもんな
捨てられないだけ自分が人間でよかったと思っちゃうよ
ははは、、、
ごみ
なにいってんのさ
ぴーちゃんは人間じゃないよ

❺ 時は流れて…

時は流れて8年後、
パレットークの面接にて…
…と、まあ
・・・。
そんな過去が
あったりしまして…
自分のことが
人間だと思えなく
なっちゃったんですよね
ぴーちゃん(21才)
生きるのも向いてないし、
自分には絵しかないので
ははは・・・

みんな当たり前にできることができなかったり、
いわゆる「普通」がうまくいかない人生で…
悩んでいるうちに、「自分は人間じゃない」って思えてきちゃったんです
そうだったんだね…「人間じゃない」か…
あれ?!
デザインもできるの? いい感じだね!
んー?
ちょっとまて!
採用の方向に進んでるかも?
一緒に働きたいねー
いままでバイトでうまくいったことないんだぞ自分!
でもでもでもでもでもでも…
サァ〜
あ、あの!

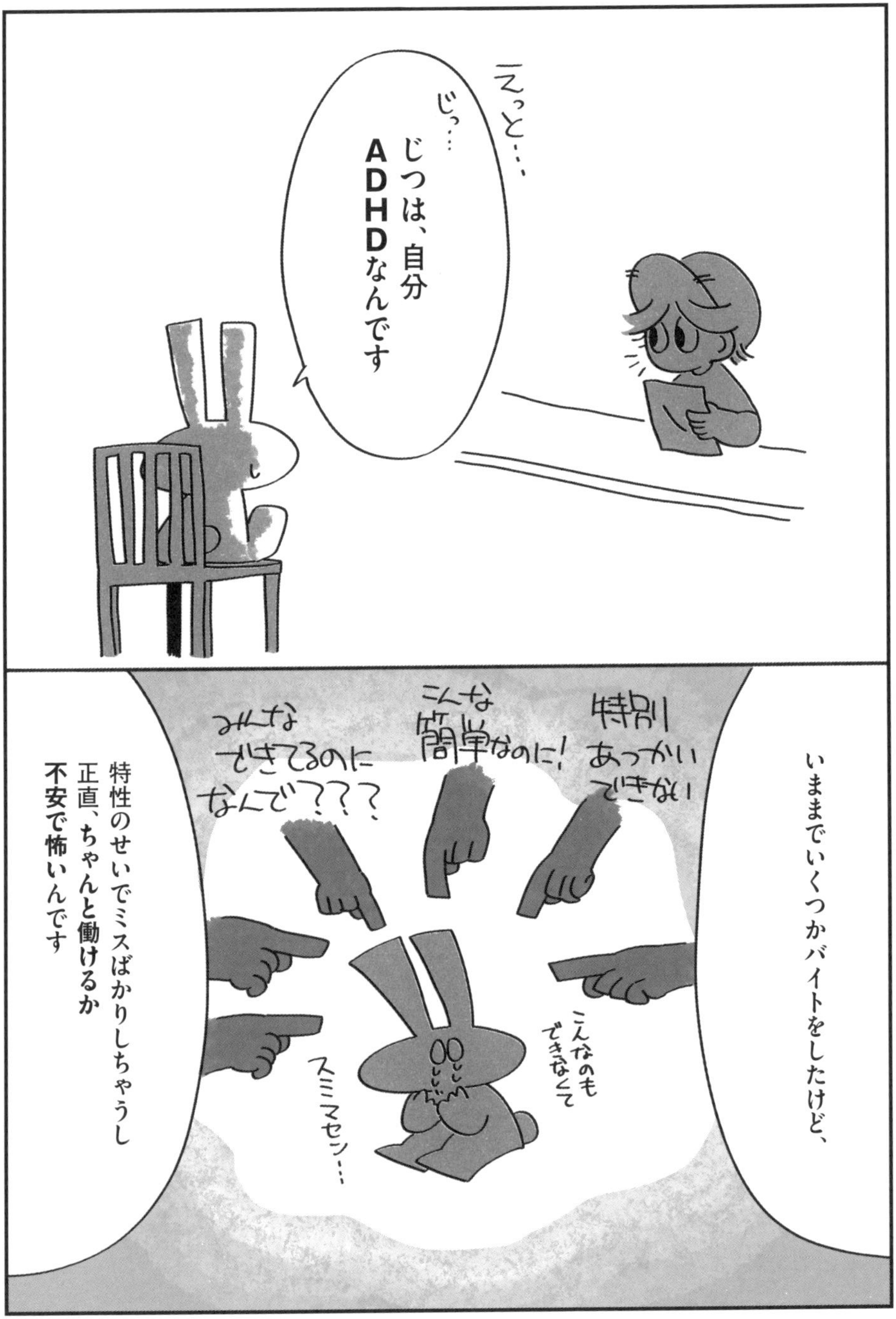
え～っと…
じっ…
じつは、自分ADHDなんです
いままでいくつかバイトをしたけど、
みんなできてるのになんで？？？
こんな簡単なのに！
特別あつかいできない
こんなのもできなくて
スミマセン…
特性のせいでミスばかりしちゃうし
正直、ちゃんと働けるか不安で怖いんです

そうなのね…！
う〜ん…でもわたしたちが求めることは「漫画を描いてもらうこと」なの
だから、苦手なことがあっても別ルートで達成できたらそれでいいと思うんだ！
遠回りでもゴールできたらOK!
Aルート
Bルート
ゴール
一緒にそのルートを探っていけたらいいよね〜
こんなこと初めていわれた…ここならやっていけるかも！
べそそ…
いっ……一緒にがんばらせてください！ぜひ！

❻ ビクビクしながら

パレットークで働きはじめて数週間目…
スゴイ！
もうできたの!? 仕事もだいぶ慣れてきたんじゃない？
エヘヘ…
てれ てれ…
そういえば、いろいろ大変だったみたいだけど いままでのバイトでは どんな感じだった？
そうなんですよね… いままで3つほど バイトしてたんですが、
従業員用 ロッカーはキレイに!!
おつかれ〜
お先です〜
どれも「いつクビになるのか」と ビクビクしながら働いてました

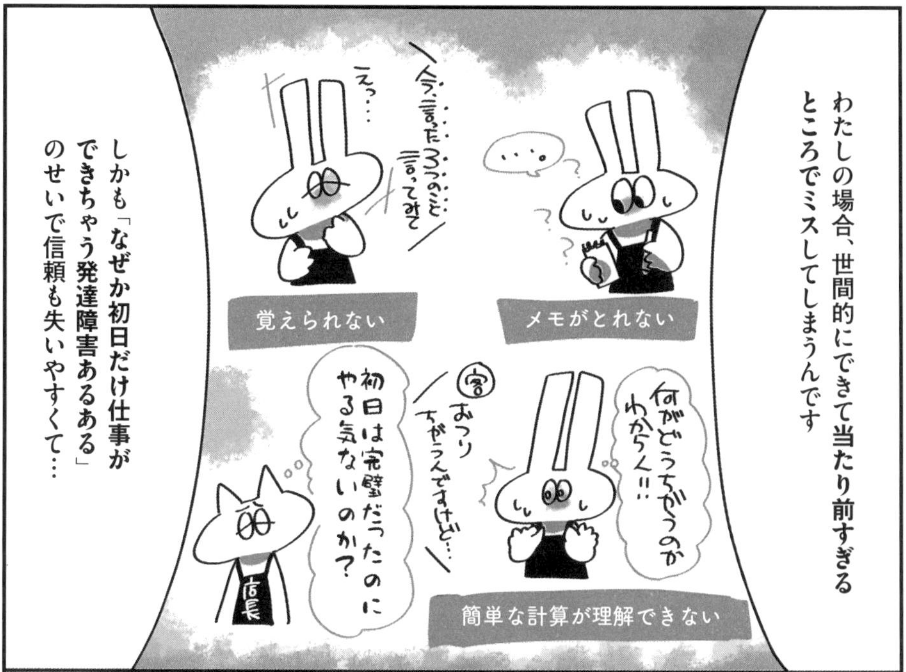
わたしの場合、世間的にできて当たり前すぎる
ところでミスしてしまうんです
何がどうちがうのかわからん!!
おつり ちがうんですけど…
簡単な計算が理解できない
初日は完璧だったのにやる気ないのか?
メモがとれない
覚えられない
えっ…
今言ったこと言ってみて
しかも「なぜか初日だけ仕事ができちゃう発達障害あるある」のせいで信頼も失いやすくて…

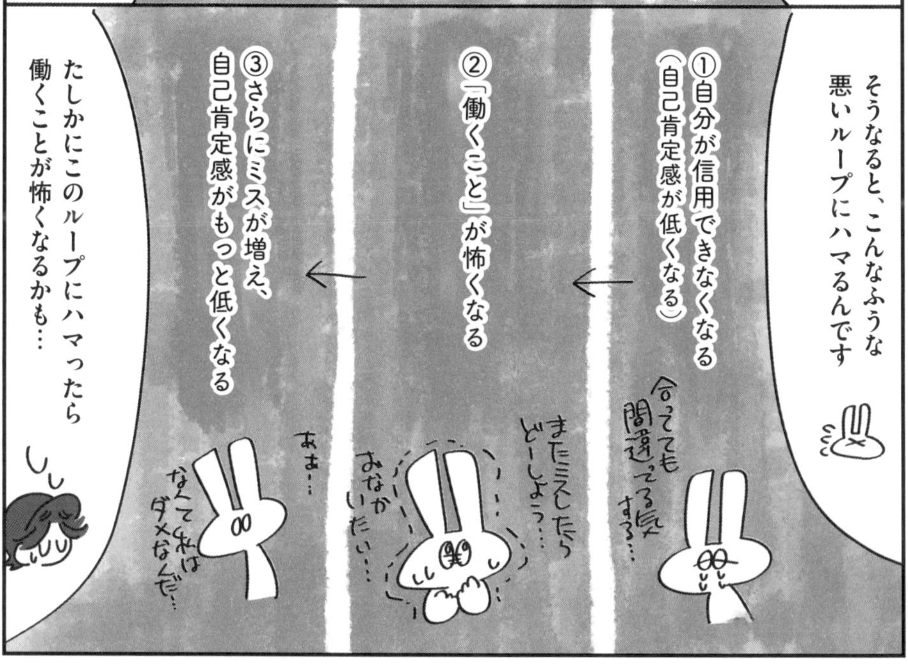
そうなると、こんなふうな悪いループにハマるんです
①自分が信用できなくなる(自己肯定感が低くなる)
合ってても間違ってる気する…
②「働くこと」が怖くなる
またミスしたらどーしよう…
おなかいたい…
③さらにミスが増え、自己肯定感がもっと低くなる
あぁ…
なんて私はダメなんだ…
たしかにこのループにハマったら働くことが怖くなるかも…

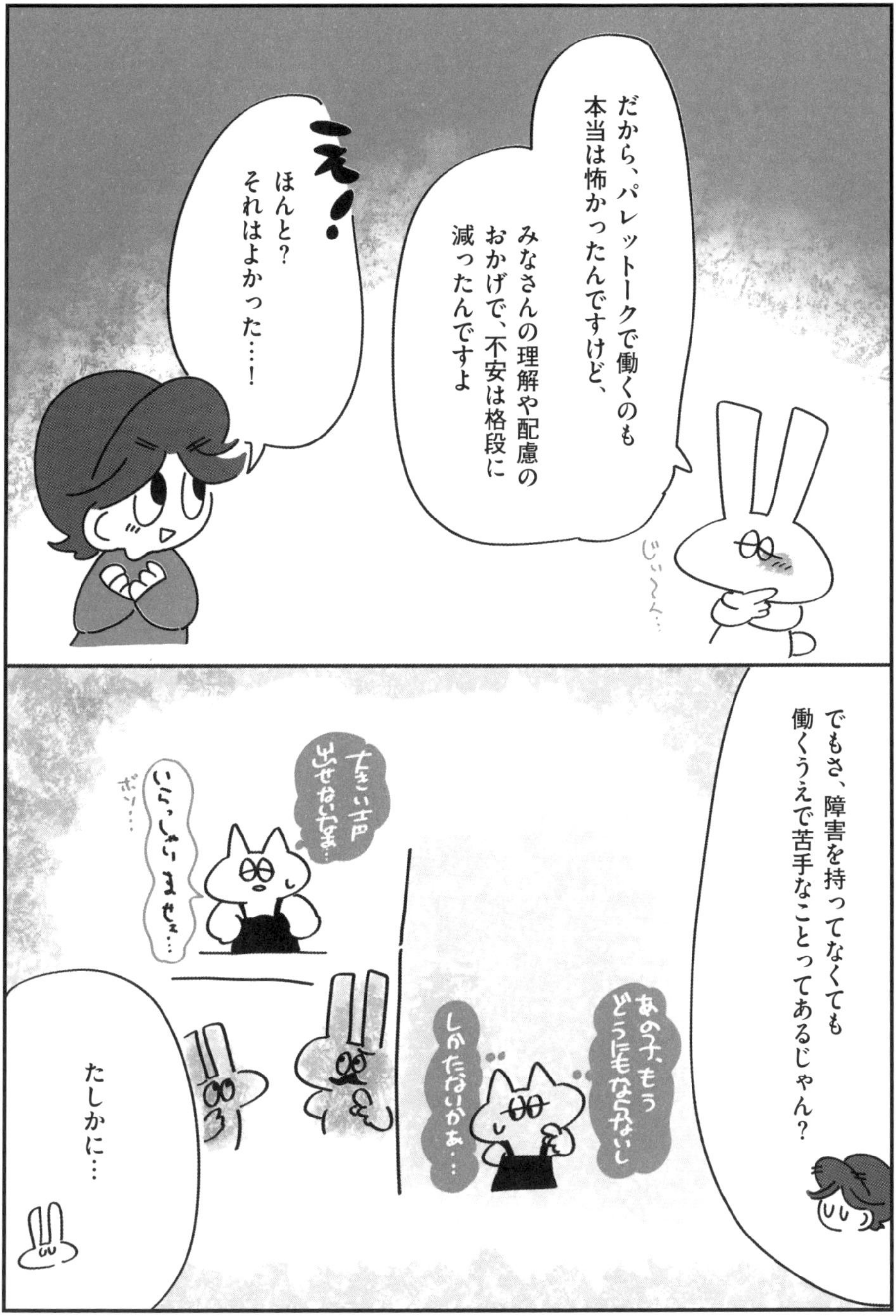
だから、パレットークで働くのも
本当は怖かったんですけど、
みなさんの理解や配慮の
おかげで、不安は格段に
減ったんですよ
じぃ〜ん…
えー!
ほんと?
それはよかった…!
でもさ、障害を持ってなくても
働くうえで苦手なことってあるじゃん?
あの子、もう
どうにもならないし
しかたないかあ…
大きい声
出せないなぁ…
いらっしゃいませぇ…
ボソ…
たしかに…

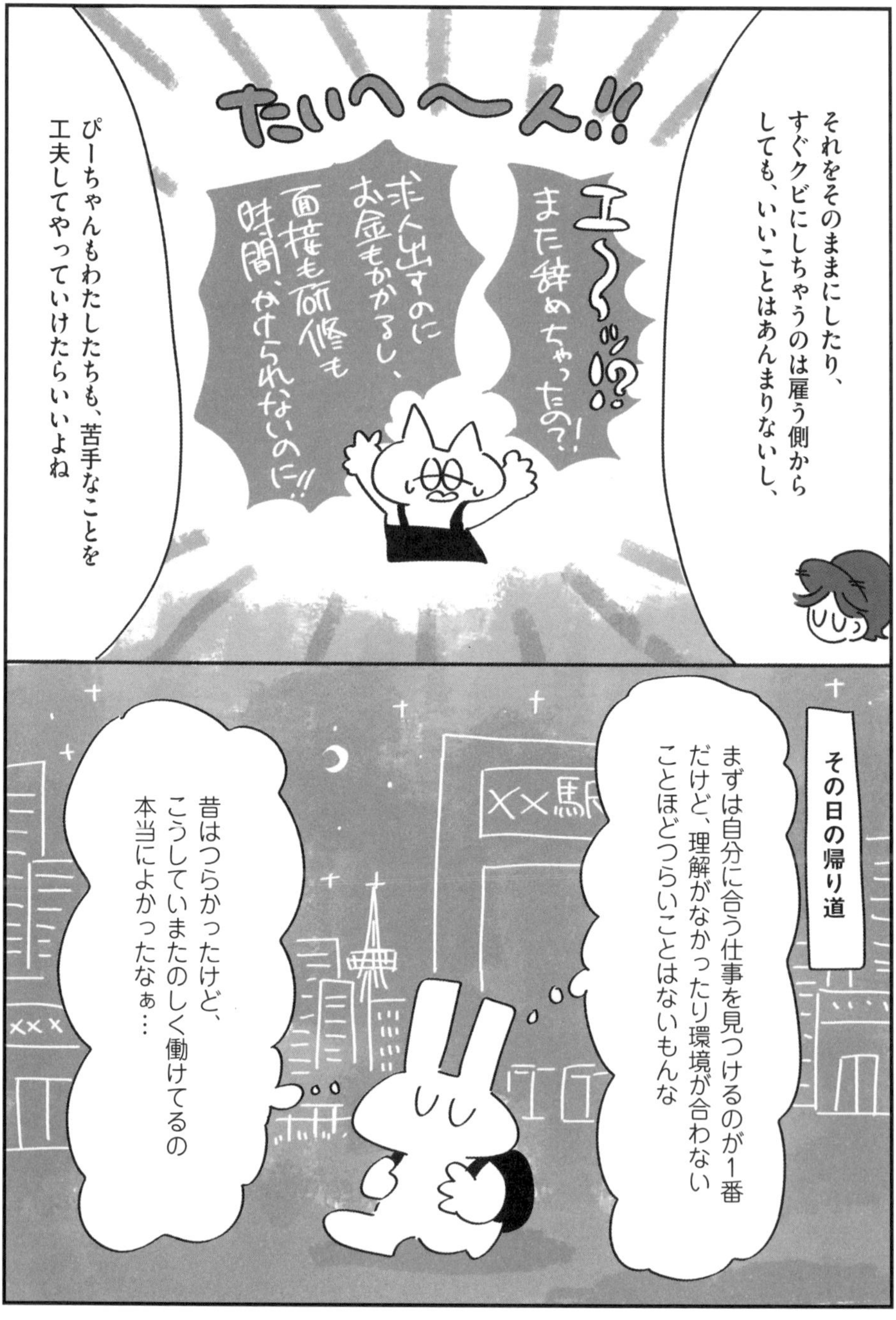
それをそのままにしたり、すぐクビにしちゃうのは雇う側からしても、いいことはあんまりないし、
たいへ～ん!!
エ～～!!?
また辞めちゃったの?!
求人出すのにお金もかかるし、面接も研修も時間、かけられないのに!!
ぴーちゃんもわたしたちも、苦手なことを工夫してやっていけたらいいよね
その日の帰り道
まずは自分に合う仕事を見つけるのが1番だけど、理解がなかったり環境が合わないことほどつらいことはないもんな
××駅
昔はつらかったけど、こうしていまたのしく働けてるの本当によかったなぁ…

コラム①

お父さんについて

父は、一言でいうなら不器用な人です。いつもぶっきらぼうな態度で、素直に表現することを苦手としていました。父が「美味しい」「たのしい」などといっている姿はわたしの記憶には一切ありません。

そんな父が1番不器用だったのが「愛情表現」でした。彼の愛情表現は「暴力」だったのです。父は子ども相手に本気でつねったり叩いたりする人で、当時のわたしは常に身体のどこかにあざがあるような状態でした。わたしだけでなく3歳下の妹も同じように、父から手を上げられていました。たとえば、3〜4歳のころ父と一緒にお風呂に入ると、突然頭を押さえつけられ湯船に沈められたり……。

次第にわたしは部屋に閉じこもるようになりました。部屋にこもっていると、リビングから妹の泣き叫ぶ声が毎晩聞こえてきます。その度にわたしは耳をふさいだり、イヤホンで音楽を聴いたりするのですが、妹の声がかすかに聞こえるたび、父に対してどうしようもない嫌悪感を覚え、まるで刑務所にいるような感覚になるのでした。

中高生になると、さらに父との関係は悪くなっていきました。帰宅したとたんに怒鳴られ、夕飯を食べているだけで「不機嫌そうな顔をするな、まずいなら食うな！」と怒鳴られる。そんな日々が続きました。

美大受験を父に反対された日、「わたしの気持ちなんか1ミリもわかろうとしないくせに！」と生まれて初めて父に激怒したことがありました。しかし、それも「自分で勝手に決めるな。お前は、母親にそっくりだ。お前みたいな女が1番嫌いなんだよ！」と吐き捨てられてしまい、その日からわたしは生きる意味を見いだせなくなり、抜け殻のようになりました。

「なんでこんな家に生まれてきてしまったんだろう。そもそもわたしなんか生まれてこなければよかったのに…」そんなことを思いながら、毎日眠りにつくのでした。

父との関係を見直す機会ができたのは、わたしがパレットークで働くことになってから。うつが回復し、こうして漫画を描くようになったころのことでした。

父から受けた仕打ちは、いま思い返しても異常でした。でも、大人になってから、父自身も両親から愛情表現という名の暴力を受けてきたと知りました。父は、それ（暴力）以外の表現方法を知らなかったのだと思います。さらに、祖母と話すうちに「父子家庭だから」という理由でわたしたちがいじめられないように、あえて厳しくしていたということを知りました。70歳を超え、年齢でいえば立派な老人なのに、白髪染めをしたり、服装に気をつけたりと見た目だけはずっと若々しく保つ努力をしていた父。きっとそれも、わたしたちが学校などで周りの人にバカにされないように、という思いがあったのでしょう。

わたしも大人になり、実家を離れてから初めて、父がどんな思いでわたしや妹を育ててくれたのかすこしずつわかるようになってきました。父も最近ではすこし動作がゆっくりになって、涙もろくなり、言葉も丸くなってきました。帰省するたびに年老いていく父を見て、「長いあいだ彼なりの方法で、わたしや妹のためにがんばってきてくれたんだな」と思う瞬間もあります。

だからといって、過去に受けた暴力がすべてなかったことになるわけではありません。わたしも父のことを心から許すことはできずにいます。

これからも父との関係性や距離感の模索は続くのだと思います。いつかこの本を父にも読んでもらえる、そんな日がくるといいなといまは思います。

❼ なんで同じじゃないんだろう

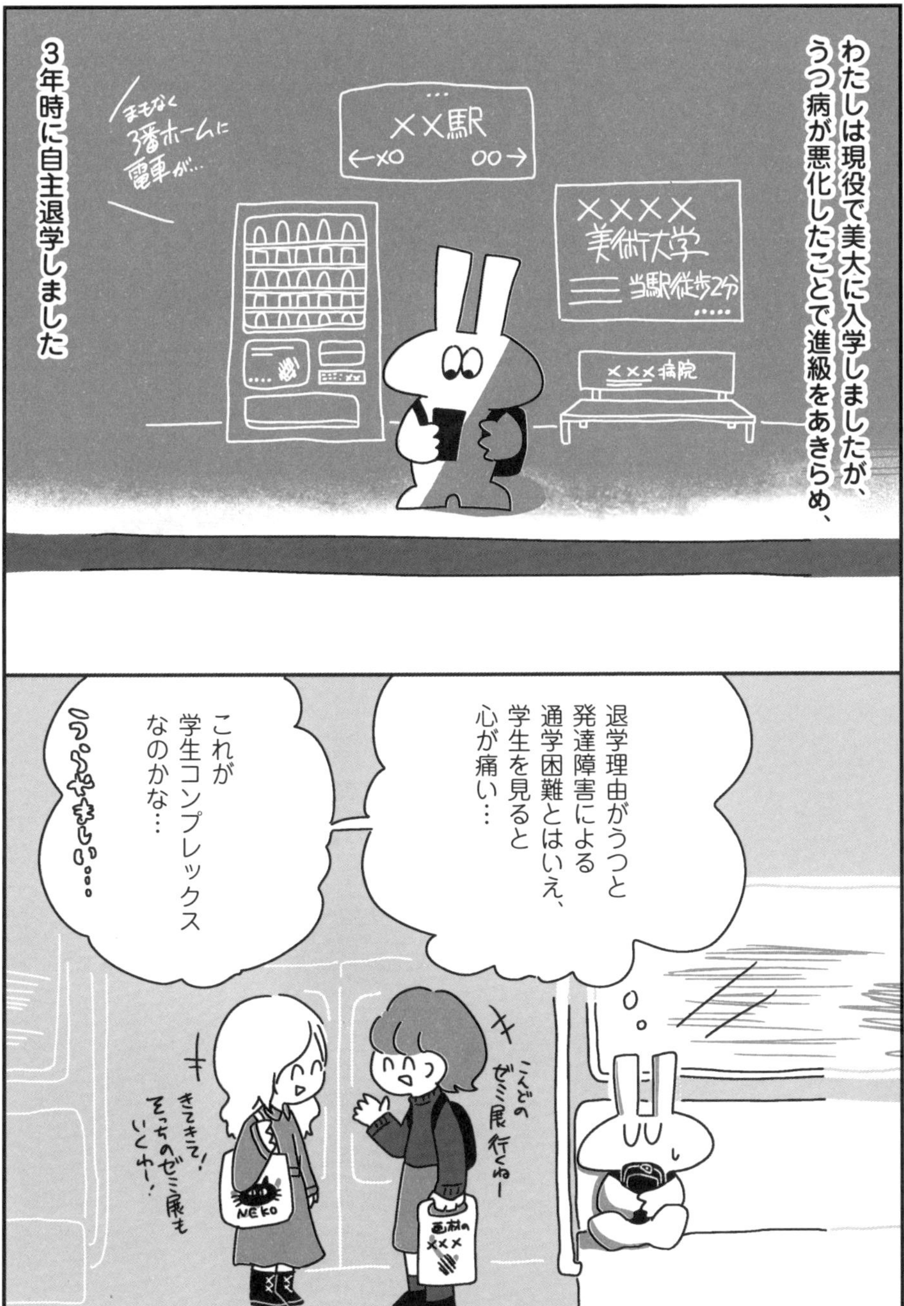

わたしは現役で美大に入学しましたが、うつ病が悪化したことで進級をあきらめ、
3年時に自主退学しました
まもなく3番ホームに電車が…
××駅
←×○ ○○→
××××美術大学
当駅徒歩2分
×××病院
退学理由がうつと発達障害による通学困難とはいえ、学生を見ると心が痛い…
これが学生コンプレックスなのかな…
うらやましい…
キャ
キャ
こんどのゼミ展行くねー
きてきて！そっちのゼミ展もいくわー！
画材の×××
NEKO

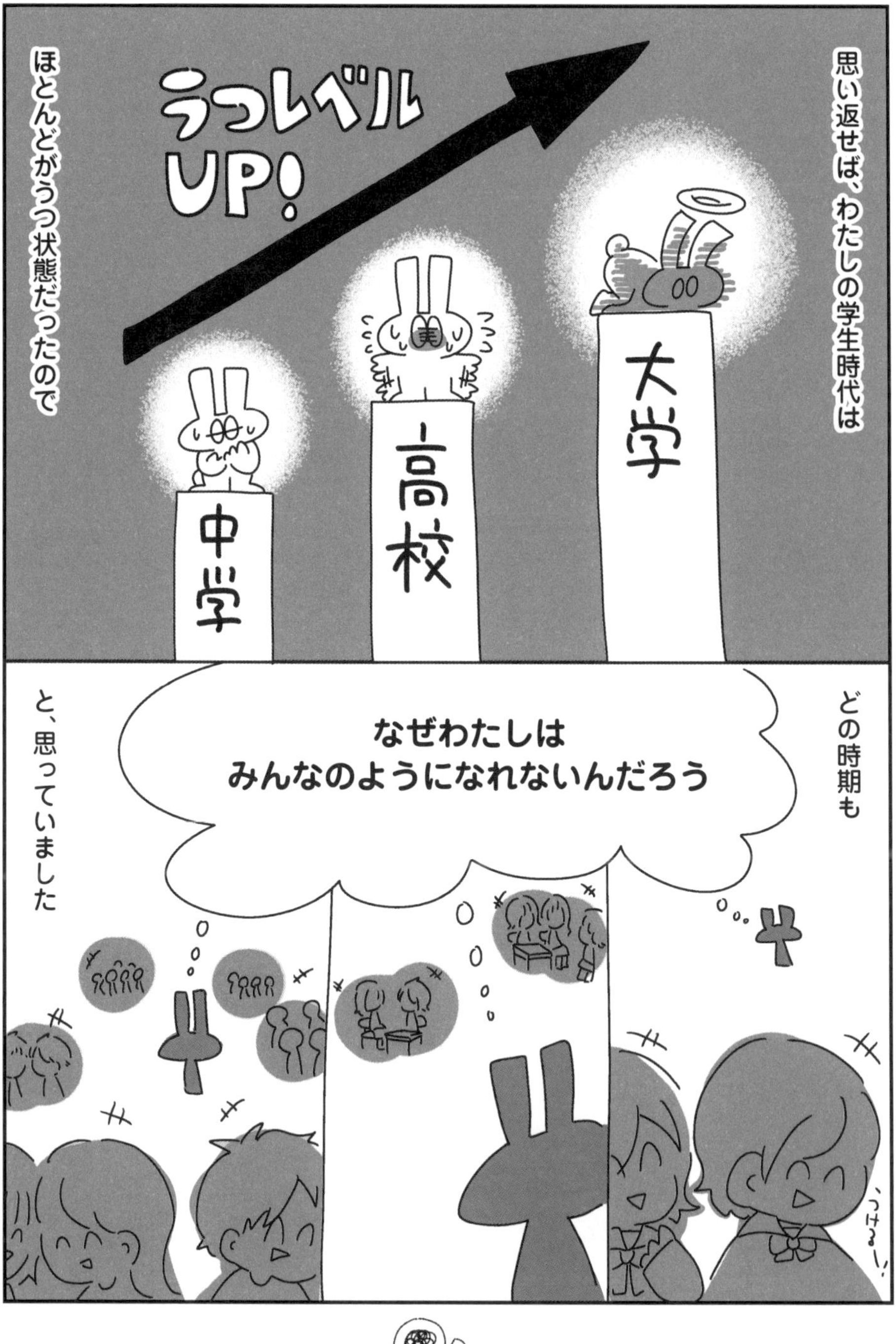
思い返せば、わたしの学生時代は
うつレベル
UP!
大学
高校
中学
ほとんどがうつ状態だったので
どの時期も
なぜわたしは
みんなのようになれないんだろう
うける～!
と、思っていました

それは、20歳まで発達障害の診断も
うつの診断もなかったので
なんでみんなと同じじゃないの？
できないってダメなこと？
なんでできないの？
どうして？
わからないってダメなこと？
どうして嫌われるの？
人間じゃない？
謎の生きづらさとひとりで闘ってきた
からこそ出てきた想いでした

みんなができるんだから
やればできる、がんばりが足りない
って自分にいい聞かせ続けてたけど
なにかができる精神状態ではなかったし
自分を信じてあげられなくなったのは
悲しかったな…
××行き
ドア閉まりまーす

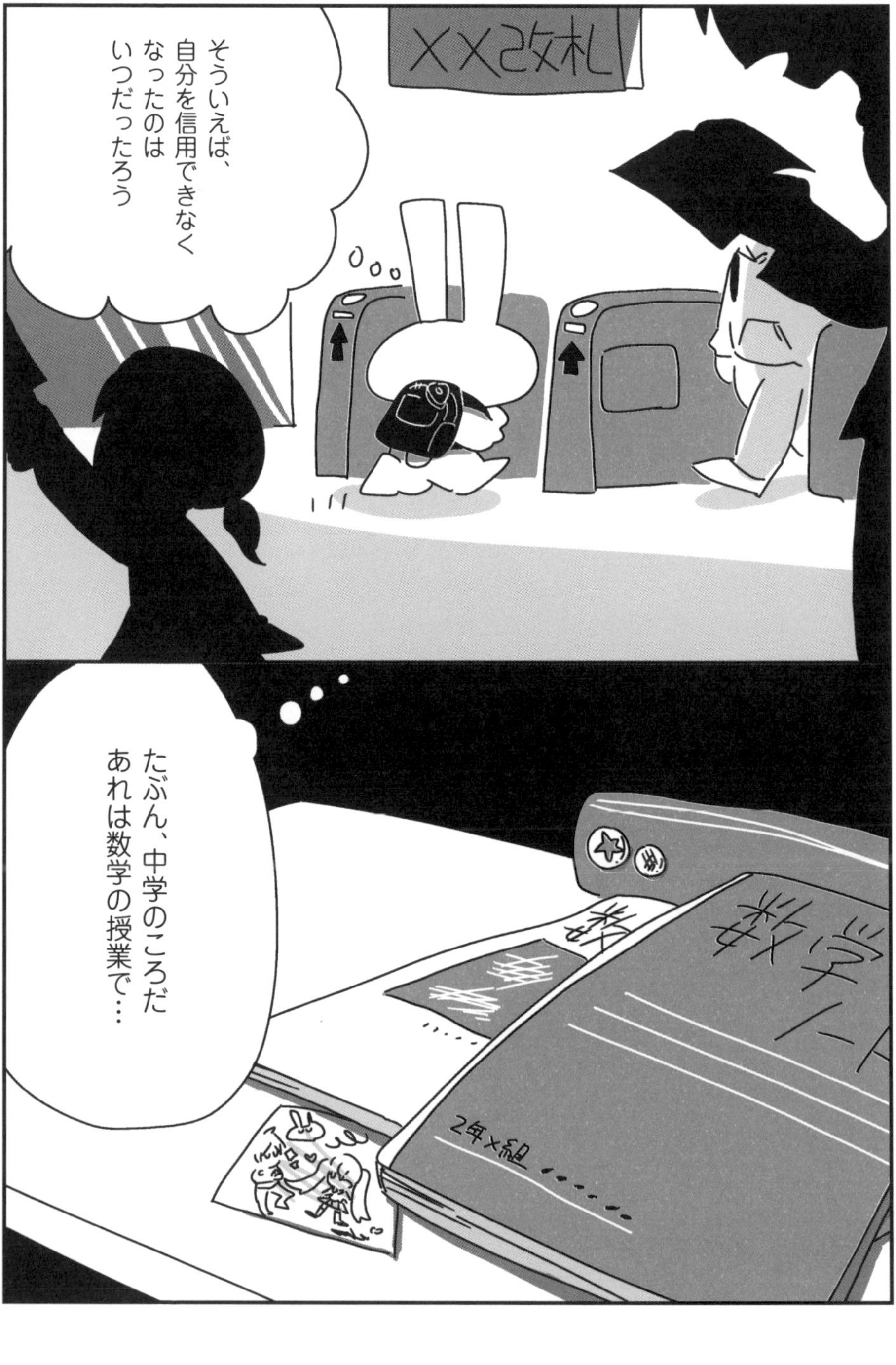
XX改札
そういえば、自分を信用できなくなったのはいつだったろう
たぶん、中学のころだ あれは数学の授業で…
数学ノート
2年×組

❽ 数学の先生

中学生のとき、
わたしは数学が大嫌いでした
5＋9って
いくつ？
1桁も暗算
できない…
というか、文章の意味が
さっぱりわからん…
答え見ても
わかんないなぁ…
そもそも
美術以外は
大体苦手でしたが、
数学は群を抜いていました

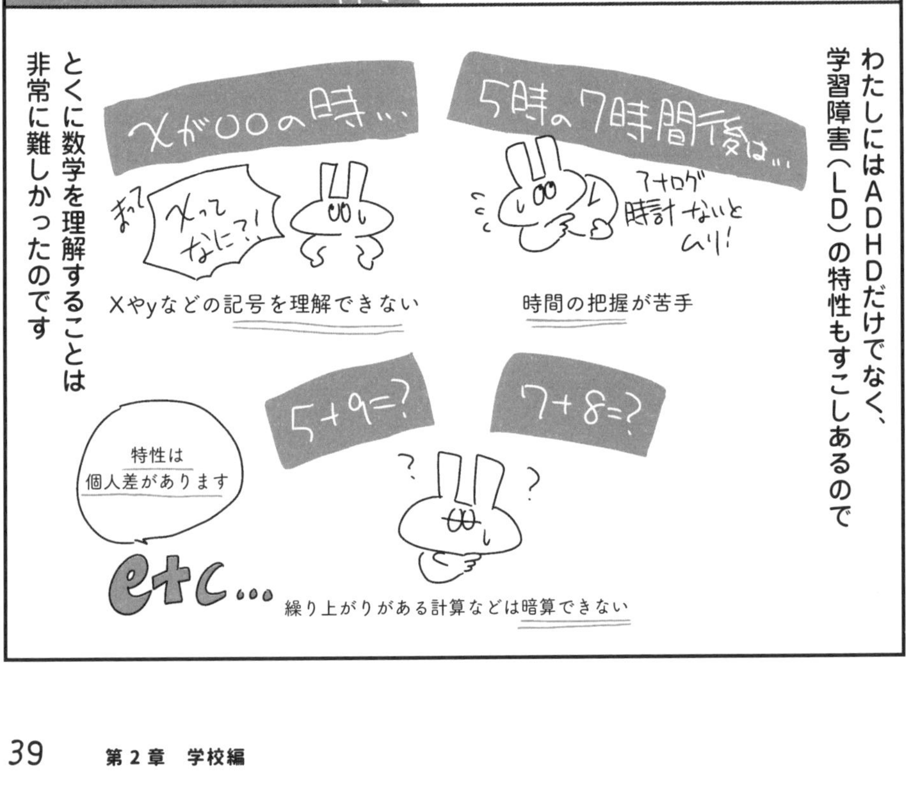
わたしにはADHDだけでなく、
学習障害（LD）の特性もすこしあるので
xが○○の時…
まって
xって
なに？！
Xやyなどの記号を理解できない
5時の7時間後は…
アナログ
時計ないと
ムリ！
時間の把握が苦手
7＋8＝？
5＋9＝？
繰り上がりがある計算などは暗算できない
etc…
特性は
個人差があります
とくに数学を理解することは
非常に難しかったのです

テスト当日
数学、勉強してきた？
うーん してないや…
結局、勉強しても理解できなくてやめちゃった…わたしバカすぎだ…

当時はまだ未診断だったので、自分の不出来さに頭を抱えていましたが、
こんな簡単な問題聞いてくるな
バカ
間違えたら廊下出ろ
わからないなら後ろに立っとけ
ジロジロ…
…。
それより大きな壁は数学の先生でした

できないことを罵倒され続けたので、
次、数学かよー
やだわーん
ワハハー
また怒鳴られる…
怖い…やだ…
わからないところも質問できず、
八方ふさがりでした

その結果、数学の時間が近づくと
ううう…
いだい…
最近ずっと
保健室にきてない？
ちゃんと授業出ないと
ダメよ？
激しい腹痛に襲われるほど、精神的に
追い詰められるようになりました

勉強教えてくれる友達とかいないの？優しい子多いじゃない
友達は…

❾ ぴーちゃんの友達

そういう友達は…
いないです
手あらいとうがいを忘れずに!!
友達とかかわるのが苦手で、いっちゃいけないこととか暗黙の了解とか
Aは Bちゃんのこと好きなんだって
そーなの?
へー!
なんでいうんだよ!
認知できなくて、無自覚に人を傷つけてしまったり…
なんでみんなCのこと無視してるのにわからないの?最低!
気づかなかった…
のちにADHDからくる衝動性と、ASD(自閉症スペクトラム)からくるコミュニケーション特性によるものと判明

だから、数学の授業も
周りに頼れないんですよね
早くしてよ
なんでわからないの?
またお前のせいで怒られるだろ
うーん…
そうかぁ…
…今日はもう
帰りますね
保健室
うん、気をつけて
あと、保健室には本当に
体調が悪いとき以外あんまり
こないようにね…
さよなら
ろうかは
走てない!

またひとりで
帰るのかぁ…
ん？
メールだ
あとで返そっと…
ろうかは
走らない！
また メール？
誰からだろ…
く受信フォルダ
16:35
差出人：Bちゃん
件名：無題
なんでさっきメールしたのに
返信しないの？
殺す。
・・・。

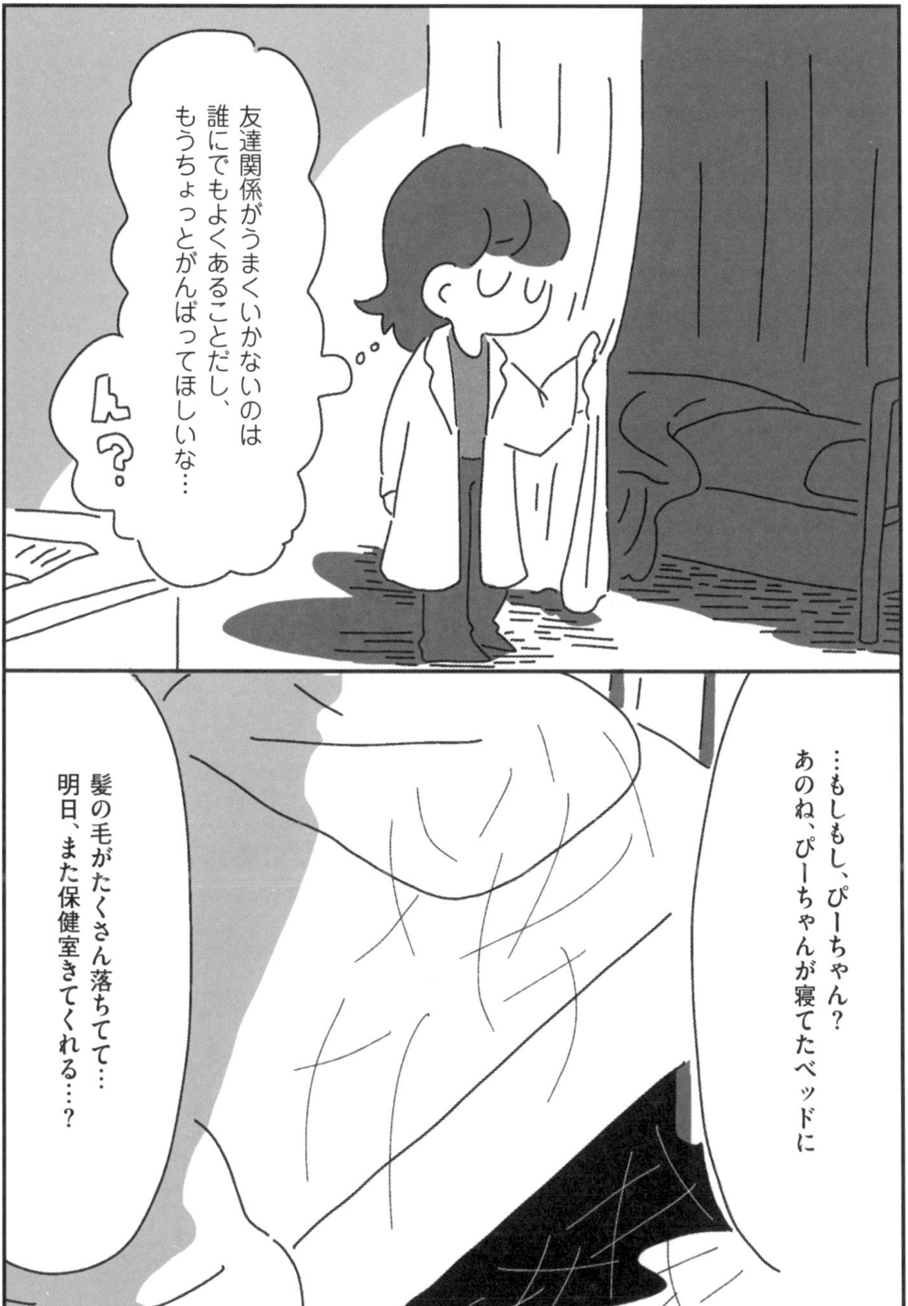
友達関係がうまくいかないのは
誰にでもよくあることだし、
もうちょっとがんばってほしいな…
ん？
…もしもし、ぴーちゃん？
あのね、ぴーちゃんが寝てたベッドに
髪の毛がたくさん落ちてて…
明日、また保健室きてくれる…？

⑩ 裏切り

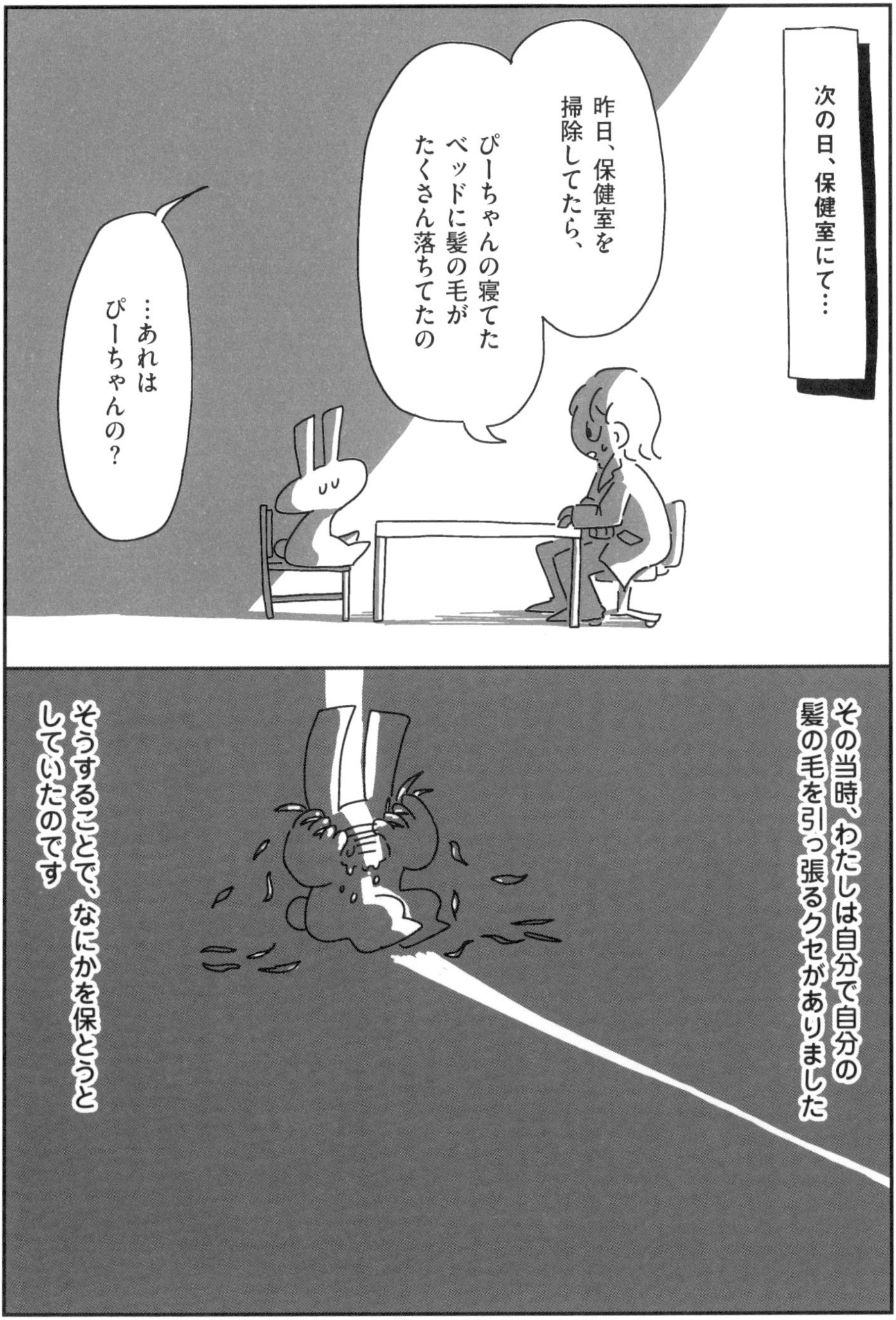
次の日、保健室にて…
昨日、保健室を掃除してたら、ぴーちゃんの寝てたベッドに髪の毛がたくさん落ちてたの
…あれはぴーちゃんの？
その当時、わたしは自分で自分の髪の毛を引っ張るクセがありました
そうすることで、なにかを保とうとしていたのです

もしよかったら、スクールカウンセラーの人と話してみる？
もしかしたら、大人ならこのつらさを解決してくれるかも！
カウンセリング当日
…が…でこんな気持ちで、つらくて…
って、
え…大丈夫ですか？
しんみり…
カウンセラーの先生

かわいそう…
つらかったね…
ぐす…
だけど、
がんばってね！
具体的な解決策を
一緒に考えてくれるのではなく
じゃあ、また来月に
はい、おねがいします…
…。
ただ同情されておわってしまったことが
当時はとてもショックでした

そんな中学の嫌な経験がありながらも、
躁うつ状態だった高校時代
この先生なら
信頼できそう…
話してもいいかも
誰にもいわないから
相談してみてね
唯一信頼していた部活の顧問の先生に
相談してみましたが…

次の日
うちの学校に
うつ病の子がいる
らしいよ
うつでよー
なの?ん
やばいやつ
つらいだろうけど
大変なのはみんな
同じなんだよ
えっ
まじっ?
やばー
病院
いけよん

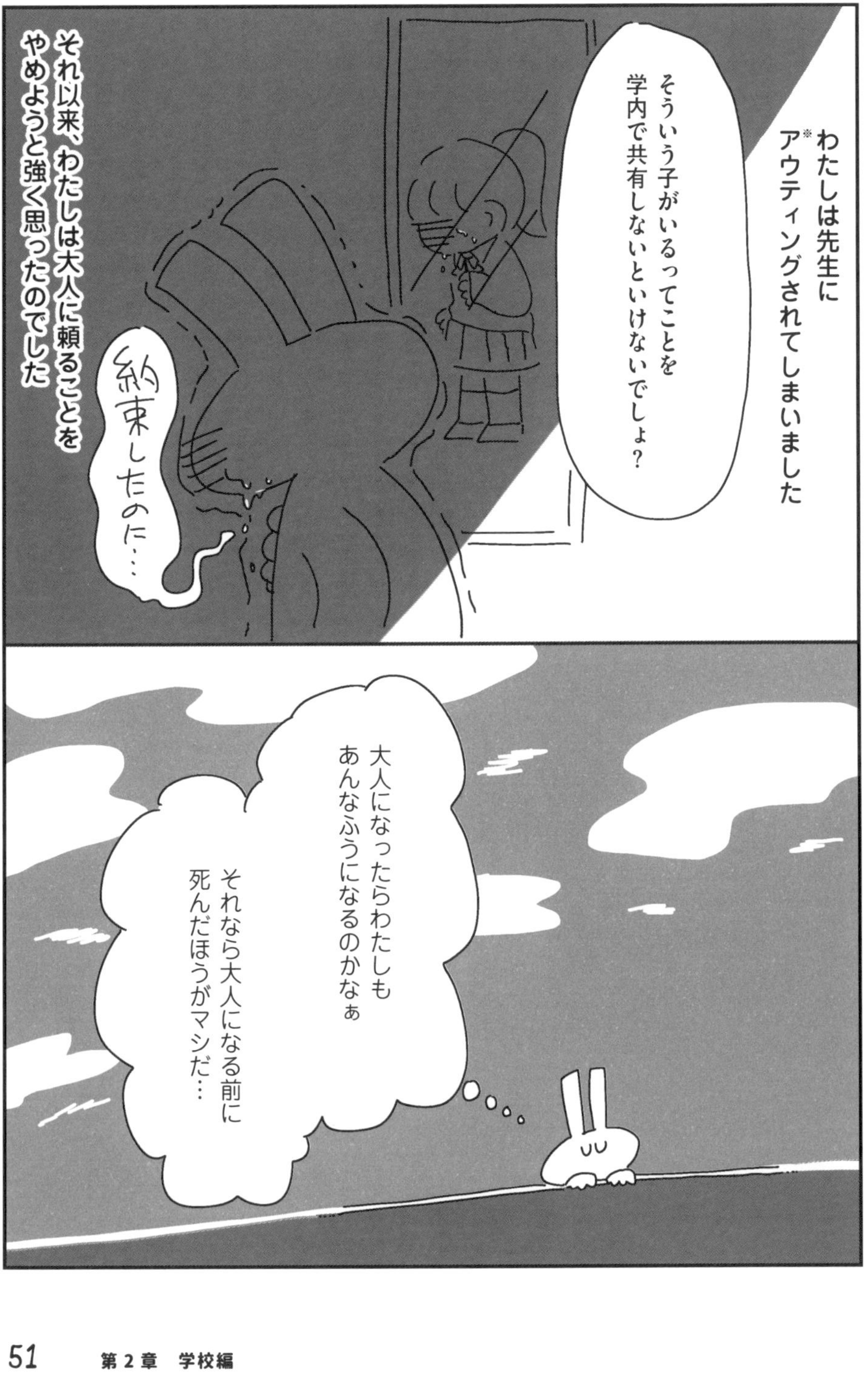
わたしは先生に
アウティング※されてしまいました
そういう子がいるってことを
学内で共有しないといけないでしょ?
約束したのに…
それ以来、わたしは大人に頼ることを
やめようと強く思ったのでした
大人になったらわたしも
あんなふうになるのかなぁ
それなら大人になる前に
死んだほうがマシだ…

アウティング　本人の了解を得ずに、公にしていない障害や性的指向といった秘密を暴露すること

22歳、現在のぴーちゃん
もしかしたら
わたしって学校自体
向いてなかったのかも
××行き
と、思うようになりました
飲み放題
居酒屋
あんなふうに友達や仲間が
いたらよかったのかも…？
でも、飲み会とか
好きじゃなかったもんなぁ
私たちと一緒に
働きませんか？
学割
20%
OFF
お得!!
また
ゼミ飲み
いこーぜ！

友人関係も理由のひとつでしたが
1番の理由は
学校のシステムでした
ガヤ
ガヤ

聴覚過敏で講義が聞こえなかったり、
つまり、〜ということ
えー
なにこれ
ヤバww
だよねw
わかる〜
それな〜
?
プリントです
では次の授業は
ガヤガヤ
からです

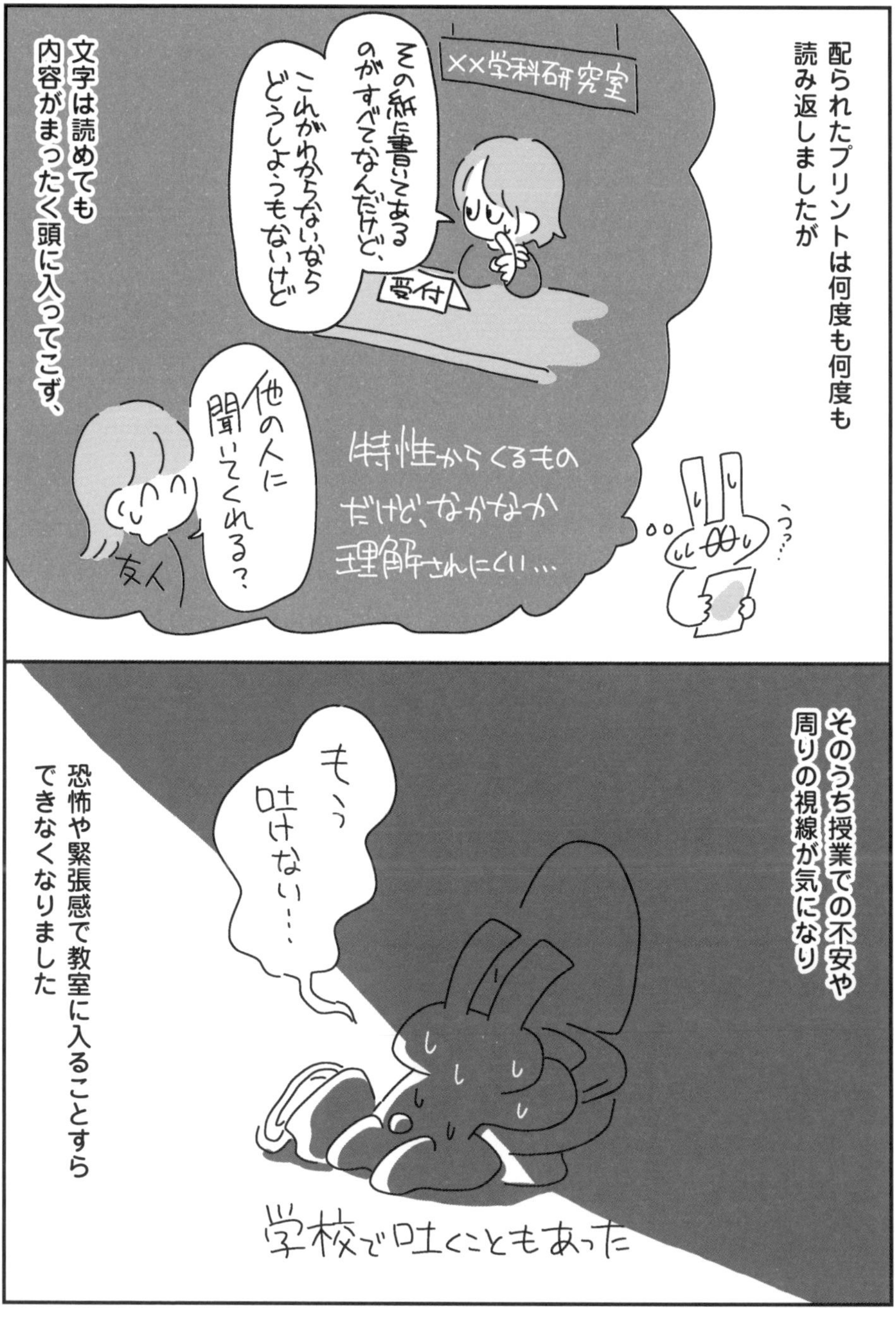
配られたプリントは何度も何度も
読み返しましたが
××学科研究室
受付
その紙に書いてあるのがすべてなんだけど、
これがわからないならどうしようもないけど
他の人に聞いてくれる？
友人
特性からくるものだけど、なかなか理解されにくい…
うっ…
文字は読めても
内容がまったく頭に入ってこず、
そのうち授業での不安や
周りの視線が気になり
もう吐けない…
恐怖や緊張感で教室に入ることすら
できなくなりました
学校で吐くこともあった

発達障害とうつ病が発覚したあと、大学の学生支援課に行きましたが、断られてしまいました
前例もないしちょっと…
学校にはますます行けなくなり…
もう家からもでれない…
ある日のパレットーク編集部
結局、大学を自主退学したんです
そうだったのね…

家族のサポートがあったらよかったのかもしれないね…
ぴーちゃんちはどんな家族だったの？
家族…そうですね

大学生活について

絵を描くことだけが生きがいだったわたしにとって、念願だった美大での生活。でもわたしは、大学3年生で自主退学することになりました。発達障害の特性によって学業を続けることがどうしても難しかったからです。

わたしが大学生活で困ったことは、たとえば次のようなことです。

・聴覚過敏の影響で、周りの雑談や雑音がうるさくて先生の声が聞こえない
・黒板からなにをノートに書き写せばいいのかわからない
・宿題や課題の内容を理解することがそもそも難しい
・「○○文字程度」というような曖昧な指示が理解できない
・メンバーのペースに合わせられず、グループ学習が難しい

課題の理解や板書ができないことで、単位を取得することも人一倍難しく、また聴覚過敏のせいで、学校のトイレで嘔吐してしまうことも度々ありました。あのまま大学生活を続けることは身体的にも精神的にもムリだったと、いまでも思います。

それでも「大学で勉強を続けたい」と思っていたわたしは、大学側に配慮をお願いしましたが、前例がないということもあって、断られてしまいました。目に見えない障害だからこそ、「ただのやる気のない学生」と思われてしまっていた面もあると思います。また、当時はわたしも発達障害の診断を受けたばかりで、いまほど自分の特性を把握しきれていま

せんでした。いまだったら、もっと具体的な配慮のお願いができたかも、と思います。

しかし、きっとわたしのような学生はいまも多くいるはずだと思います。だからこそ、そもそも大学側の発達障害に関する理解がまだまだ足りていないこの現状が、1番の問題なのではないでしょうか。もし大学側に発達障害への理解や学習支援のノウハウがあれば、わたしも美大で学び続けることができたかもしれません。

たとえば、別室で映像を見ながら受講できるようにする、とか、先生の声が聞き取りやすい前の席を必ず確保させるといった工夫で、わたしのように聴覚過敏のある学生も学びやすくなると思います。また、課題の指定も曖昧なものではなく「○○字以上○○字以下」という具体的なものを、口頭ではなく必ず文章で提示してもらうことで、スムーズに勉強ができたと思います。

目に見えないからこそ、その困難が理解されにくい発達障害ですが、わたしのように「障害のせいで勉強をあきらめなければならない」人がいなくなるように、すこしずつ学校側も認識を深めていってほしいと感じます。

さすがに
やばいかも…
と、気がついたころには
部屋のなかは大変なことになっていました
いま考えると
明らかにうつでした
泣くか
寝るかの
2択のみ
身体は動かず、なにも決められず、
人間らしい生活はひとつも
できていませんでした

わたしは「人間じゃなく」なってから
何度か病院に行こうとしたことがありましたが、
ダメだ、
今度こそ
病院に行かないと……！
ガバッ
父に電話で相談したときには…
精神科？
なにいってるんだお前
でも…
甘えんなよ！
お前は努力が足りない
病院になんか行くな！

…だから親元を離れて、やっとここにきたんです
でも、本当にわたしはここにきていいものなのか…
しくしく…
みんながんばってるのに、わたしだけこうして楽になろうとしてるのが自分で許せなくて…
病院にくるのは逃げじゃないよあなたは十分がんばった！
くるっ
むしろ、きてくれてよかった
病状、かなり深刻だと思うよ

3件目に行った病院で、わたしは
うつ病とADHDの診断を受けました
ADHDって知ってる?
その障害の影響で
重度のうつ病になってる
ADHD…?
ADHDとは発達障害のひとつです
「障害」という言葉がわたしのなかで
重く何度も響きました
○○さーん
お入りくださーい
発達障害…
でも、先生の話を聞くうちに、
生きづらさの正体を
やっとつかめた気がしたのです

⑬ 理解してもらいたいけど

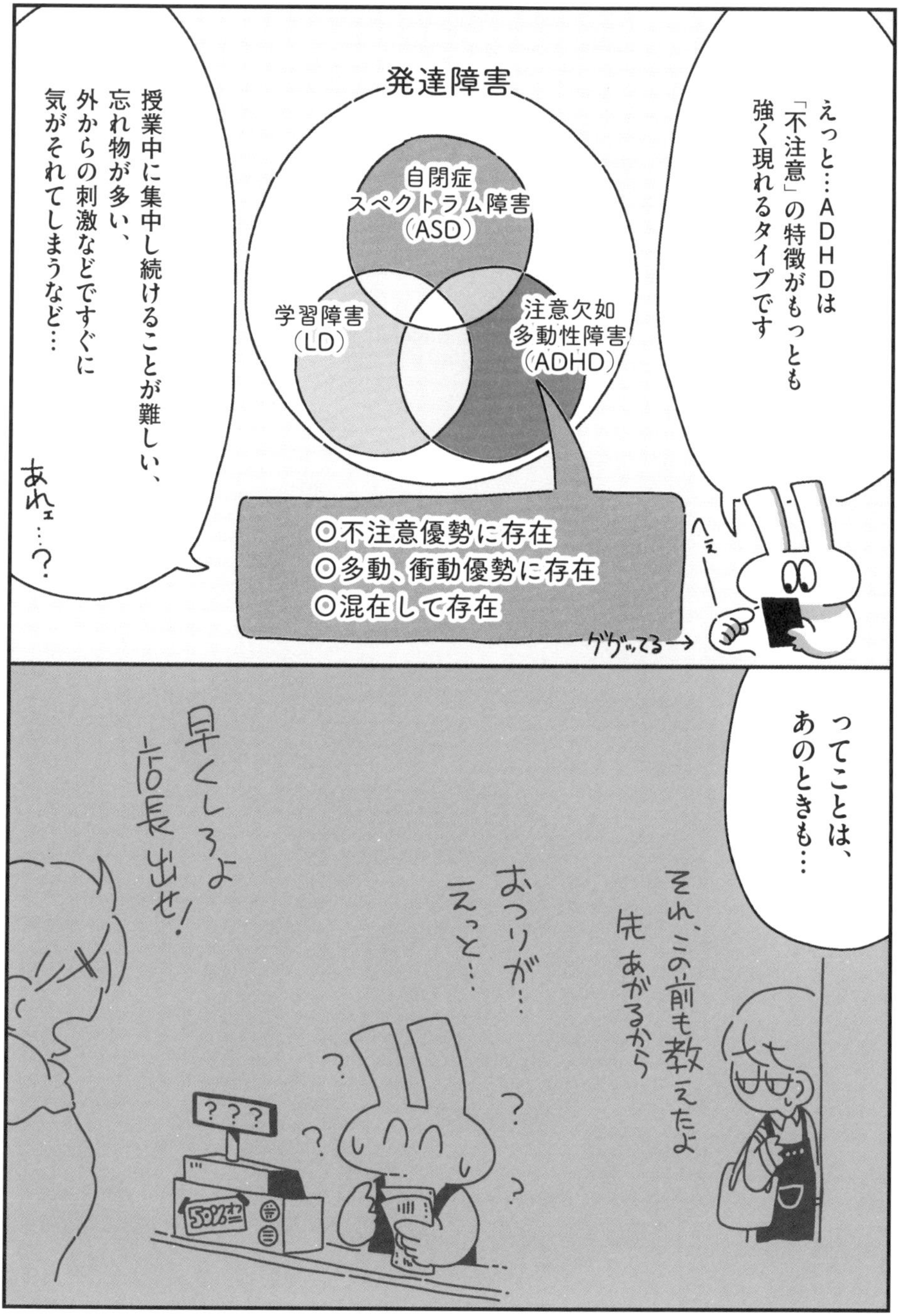
えっと…ADHDは「不注意」の特徴がもっとも強く現れるタイプです
発達障害
自閉症スペクトラム障害（ASD）
学習障害（LD）
注意欠如多動性障害（ADHD）
◎不注意優勢に存在
◎多動、衝動優勢に存在
◎混在して存在
へぇ
ググってる→
授業中に集中し続けることが難しい、忘れ物が多い、外からの刺激などですぐに気がそれてしまうなど…
あれェ…？
ってことは、あのときも…
それ、この前も教えたよ
先あがるから
おつりが…えっと…
早くしろよ
店長出せ！

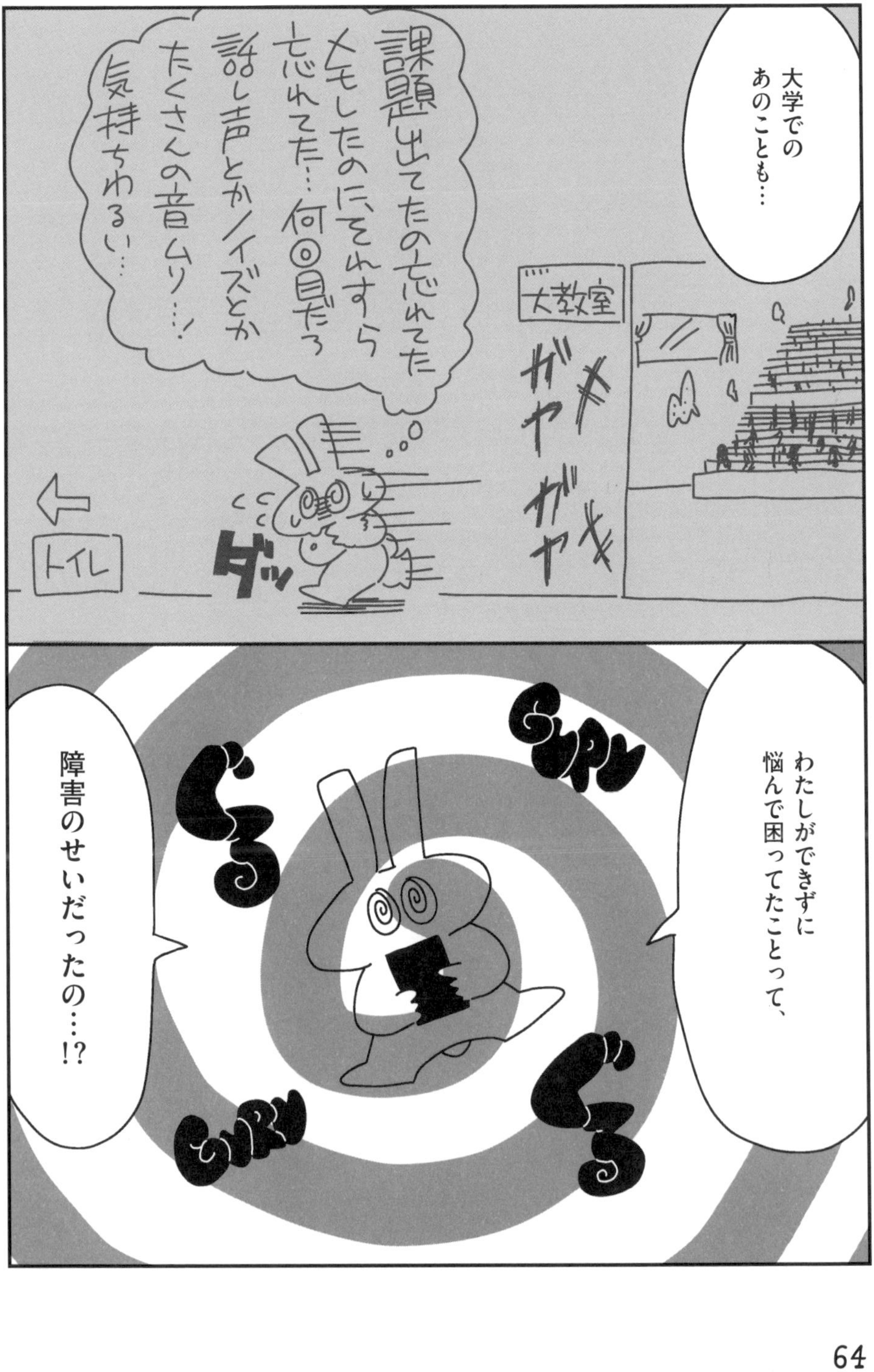
大学での
あのことも…
課題出てたのでだれてた
メモしたのに、それすら
忘れてた… 何回目だろ
話し声とかノイズとか
たくさんの音ムリ…！
気持ちわるい…
大教室
ガヤガヤ
ガヤガヤ
トイレ
ダッ
わたしができずに
悩んで困ってたことって、
障害のせいだったの…!?
ぐる
ぐる
ぐる
ぐる

ずっと
どうしてって思ってたけど、
障害が原因だったんだ
ほろり…
そうだよね、どうしてみんなと
同じにできないのか
自分が1番不思議だったよ…
でも、
しょうがないことだったんだね…
家族に話して、わかってもら…
ボロ…
ボロ…

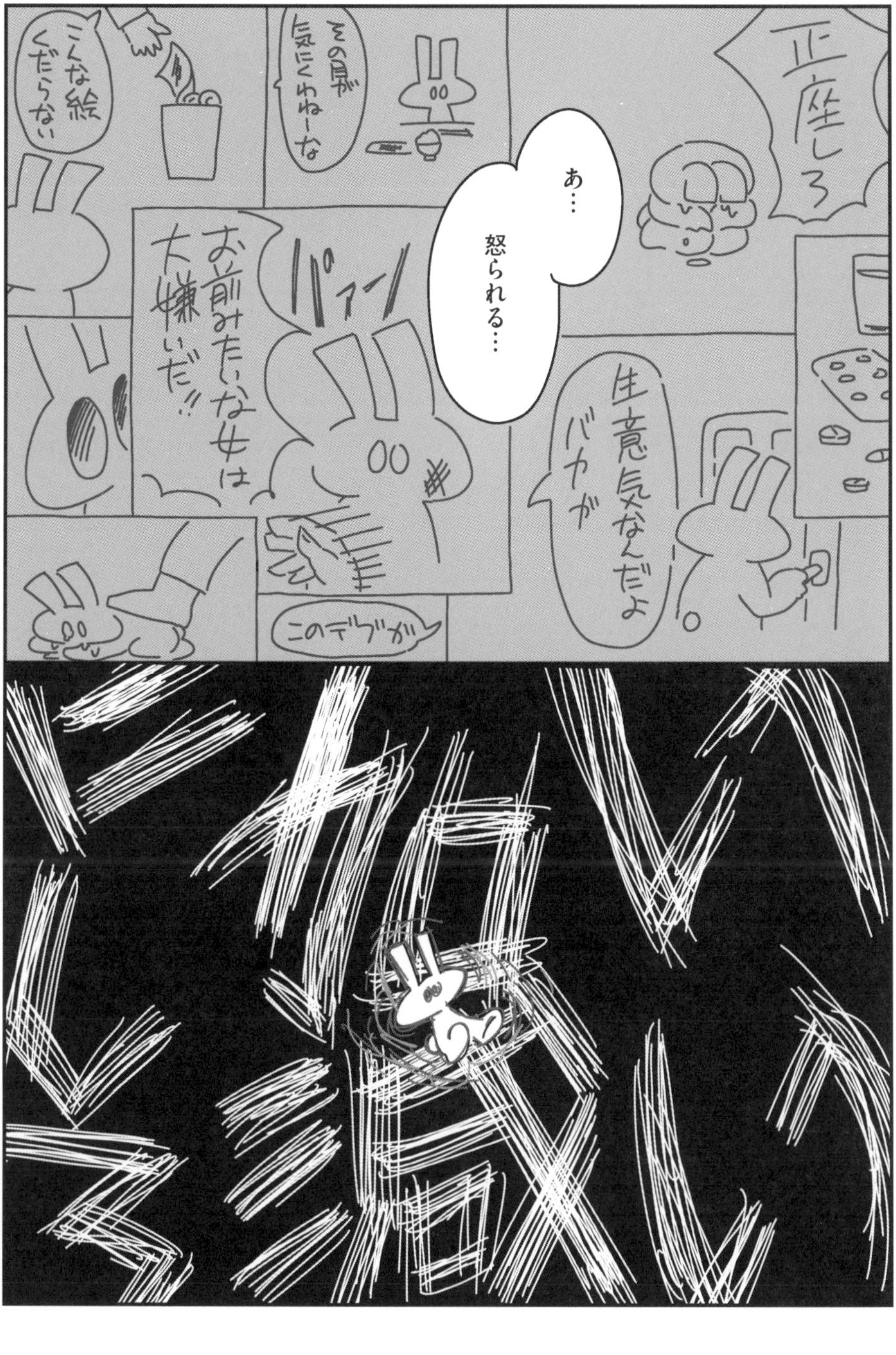
正座しろ
その目が気にくわねーな
こんな絵くだらない
あ…
怒られる…
生意気なんだよ
バカが
お前みたいな女は大嫌いだ!!
パァーン
このデブが

⑭ 生きててごめんなさい

そもそもお父さんはね
ママと結婚するつもりはなかったの
だから、
ママがあんたを
身ごもったとき…
いいから堕ろせ
でも、ママが
「産む」の一点張りだったから
しかたなく結婚したけど、
結局は育てきれなくて
逃げたじゃない？
そんな女につかまる
お父さんもバカよねぇ
あはは～笑
…

…わたしは望まれて
生まれてきたわけじゃなかった
ごろごろ…
だからお父さんは
わたしにきつく当たるんだ
ただでさえわたしは
お父さんの重荷なのに、
障害とうつだと知ったら…
やっぱ…
わたしは死んだほうが
いいよなぁ

お父さん
今日
お父さんの期待に添える生き方ができなくてごめんなさい。みんなのためにわたしは死んだほうがいいってわかってます。本当にごめんなさい。
よし、飲むぞ
ガタ
ガタ
ガタ
ピロン
22:05

⑮ 助けてほしいときはいつもひとり

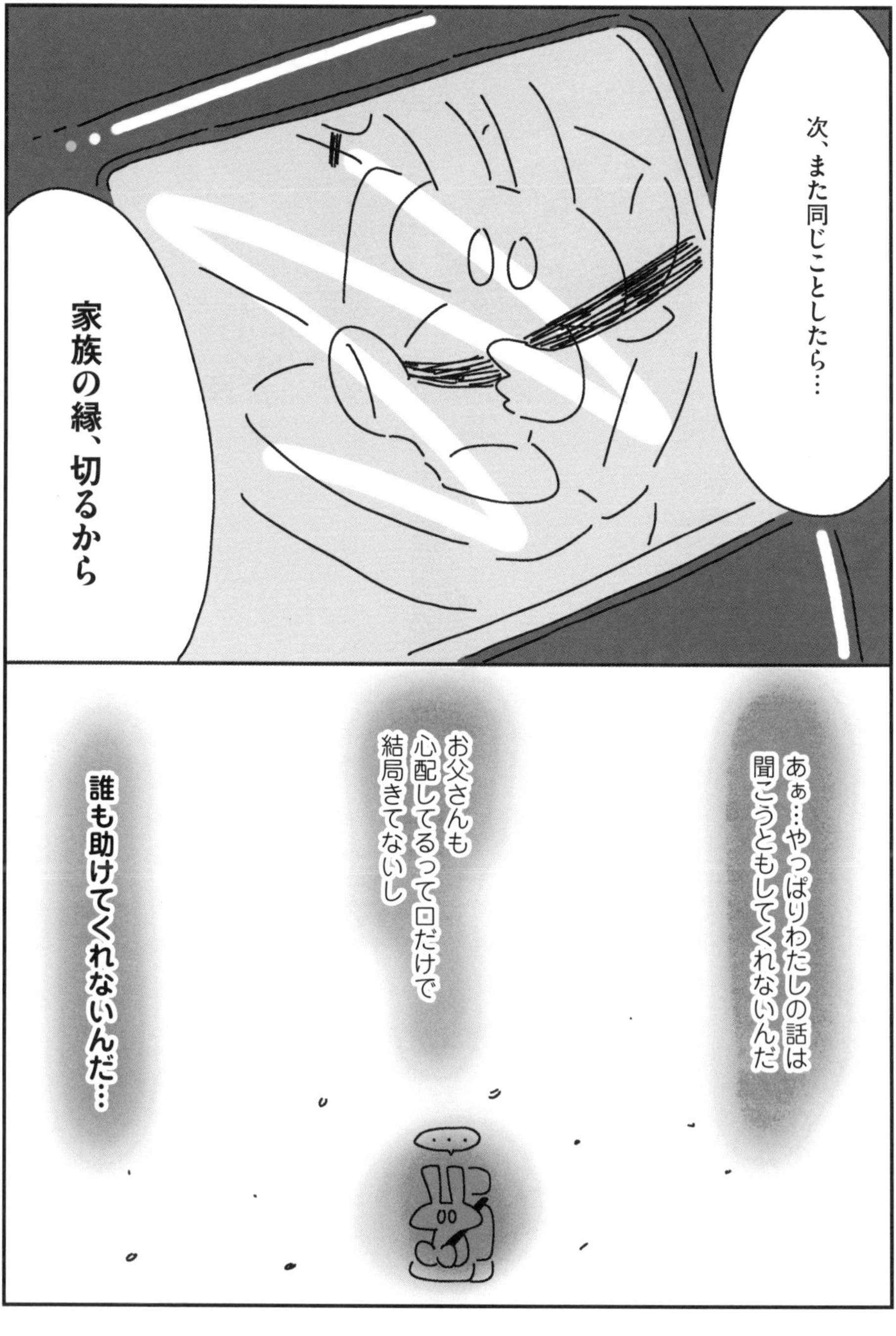
次、また同じことしたら…
家族の縁、切るから
あぁ…やっぱりわたしの話は
聞こうともしてくれないんだ
お父さんも
心配してるって口だけで
結局きてないし
誰も助けてくれないんだ…

それでも、ひとりで障害やうつを克服する自信がなかったわたしは
こんにちは！
いとこです…
彼女はうつ病と発達障害という…
いとこに必死の思いで病院への付き添いを頼みました
今日はありがとうございました！
ちょっと先生、お話が…外で待っててくれる？
うん
数分後
お待たせ！じゃあ行こうか
ガララ…
診察室1
あれ、先生？
ぴーちゃん、ちょっといいかな

こんなことというのも アレなんだけど あの家族じゃこの先も ぴーちゃんのことは わかってもらえないと 思うよ…
…そうです、か
現在、パレットーク編集部にて
いとこがなにを話したかは いまだにわからないんですが、 家族に頼ることは 結局できなかったんです
そっかあ…
学校、友達もダメ 家族もダメで
最後にすがったのは 恋人だったんですけど…
あっ ぴーちゃん！

Aya's column

コラム③

ぴーちゃんとの出会い

パレットークの編集長、あやです。こうしてぴーちゃんの紡いだ物語を読むことで、初めて言葉を交わした面接でも、その面接にたどり着く過程でも、彼女の心のなかでは本当にたくさんのことが起きていたんだと知ることができました。そして、不思議な気持ちになったり、ありがたい気持ちになったりを繰り返しています。きっとこの本がなければ、ぴーちゃんの心の声をここまで多面的に知ることはなかったと思います。また、わたしには面と向かって伝えられなかったことも知ることができ、当時を振り返りながら読むことで、彼女との絆がさらに深くなっていくような気持ちがしています。

思い出してみると、インターンの採用面接で、ぴーちゃんがわたしに「じつは自分、ADHDなんです」と伝えてくれたとき、彼女はすこし小さくなりながら下を向いていました。わたしは彼女のその姿をずっと忘れないでいようと思いました。特性のせいで繰り返してしまうミスやできないことに対する偏見、そしてそもそも理解しようともしない仲間と一緒に働くことは、まだ社会経験のない大学生だったぴーちゃんに「わたしが生きていく社会は、わたしを受け入れてくれないんだ」と印象づけてしまうのに十分だったと思います。「発達障害であることを伝えるのに、そんなにうつむかせなければいけない社会でごめんね」「でも、これから一緒に変えていけたらいいね」そんな想いでぴーちゃんを仲間にしました。というのも、面接がおわるころにはぴーちゃんの人柄や絵柄をかなり気に入ってしまっていたのです。表現力、個性、作画力、積極性。どれをとっても魅力的な学生でした。

一緒に働きはじめてすぐ、ぴーちゃんはADHD

とうつの特性を持つ自分について知ってほしいことをまとめてプレゼンテーションをすると決めてくれました。きれいにまとめられたパワーポイントでした。インターンが休みの日に、一生懸命描いたのでしょう、ところどころ解説するためのイラストも準備されていました。子どものころ、学生時代、それから他のアルバイトで、なぜか「普通ならできるだろう」と思われることをうまくできなかったぴーちゃんは「自分がなにを苦手だと思うか」「どんなことをされると、いわれると困るか」「逆にどういうやり方だとスムーズか」について、とことん考えてきたんだと思います。当時、社会人経験5年目だったわたしよりも、数倍自己理解が進んでいました。嫌な思いをして、そのたびに自分と向き合って、社会における自分の立ち位置を見直して、社会の見方、自分への対応をその都度考えては上書きしてきたのだと思います。初めての職場でのインターンで、目の前には社会人がずらりと並んで自分のプレゼンテーションを聞いている。自分の障害のことを伝えて、どんな反応がくるかもわからない。とても緊張したことと思います。本当に、よくがんばったと思います。いまでもあの日のぴーちゃんの勇気は、わたしの記憶のなかできらめきを放っています。自分が苦手としていることやうまくできないことと向き合って、さらにそれを細かく言語化して、相手に伝えることができる強さは、誰でも持っているものではありません。それでもぴーちゃんは、わたしたちと一緒に働きたいと思ってくれたから、同じ方向へともに進みたいと思ってくれたから、勇気を出してくれました。あの日から、その誠実さに応えられるリーダーであること、組織であることがわたしの目標のひとつになりました。

⑯ 好きになっちゃったから

かくかくしかじかで、結局家族には頼ることができなかったんです
そっかぁ…
最後に頼ったのが恋人だったんですが
発達の特性もあっていつもつらい恋愛しかできなくて…
あの人かな…?
だいき 東京・IT 173cm ビール最
マッチングしまし
は、はじめまして…
アプリの子だ!
ぴーちゃんだよね? よろしく!
じゃあ、カフェ行こっか
はい、どーぞ 女の子が先だから
Cafe…
カランカラン…
お?

わたし、ココアにしよーっと
え！
おれもココア好き！
うーん
おぉ…♡
ぴーちゃんのファッションかわいいな
おれ、そういうの好き！
かわいい！
あ、ありがと…
わたし、映画が好きで…
新作映画
おれも映画好き！
今度、あの映画観に行かない？
それ気になってたやつ！
この人趣味も合うし、
運命の人かも！

あーーっ
たのしかった！
って、もう夜かぁ
このあとどうする？
さっきから思ってたけど、
ぴーちゃんってMでしょ？
おれ、知ってるところ
あるから終電まで
そこ行かない？
えーっと…
じゃあ行く…
Cafe…
OPEN
10分後…
着いたよ〜
HOTEL
料金システム
-HOTEL-
Pink
無料サービスも！
3,800円〜
…わたしこの人のこと
好きになっちゃったし
しかたないか
HOT
HOTEL

と、いう感じで
最初のデートで
好きだと確信して
付き合いだす
ことが多くて…
ええ！
それで好きだと
確信しちゃうの!?
性格とかまだ
わからないよね!?
エェー!!
わたしの持つ発達障害の特性的に、
相手への好意が二極化しやすいんです
スキ
キライ
段回がある
スキ
キライ
二極化しやすい
わたしは「好き」と思ったら
好きモード全開になっちゃうんですよね…
そして発達障害の「冗談を理解しづらい」
という特性のため
オレのこと、もしかして
好きなの？
両想いだと思って
たのに…
相手が身体目当てでも気づけないことが
多々あるのです…
?
※無意識のうちに勘違いされて
性暴力や同意のない性行為を
受けてしまうことも少なくはない
なので相手のことを正しく判断できず、
すぐ交際してしまうことが多く…

⑰ それでも彼女になりたくて

そのときの人とも…
はじめましてだけど付き合って下さい!!
付き合って3カ月後
来週の夜からのデート、午前中は病院かぁ
障害のことはいいづらいけど、うつのことは彼にカミングアウトしてみようかな
うーん
デート当日
In焼肉
そういえば、午前中なにしてたの？
そのことでちょっと話があってね…
ジュウゥ
あ～
午前中は病院に行ってたんだ
えッ
ビョーキ？どこか悪いの？
だいじょーぶっ?!

あのね、通院してるのは精神科なんだ
べつに隠してたわけじゃないんだけど…
わたし、うつ病なんだって
ぴーちゃん…
うつ病なの…？
おれもうつ病だったことある！病院行ってないけど
仕事がヤバすぎてさぁ
あーだこーだ
ベラベラ
まぁ、うつ病なんかほとんど気のせいだし
気にすんな！
ワハハー！
…そだね

なんでこんなに
モヤモヤするんだろう…
彼から離れたら気持ちも
楽になるかな…？
結局その後、わたしのほうから
逃げるように別れてしまいました
しかし、別れてからのメンタルは
よくなるどころか悪化していく一方で…
やっぱりさみしい！
恋人がほしい！
マッチングアプリしよ…
マッチしました！
そこで次に付き合ったのが、
学年でひとつ年上の彼でした
当時
大学3年
大学2年
今回も初対面の日に
そのまま交際…
でも…
えっちしないなら帰って
このあと予定あるから
2分でどうするか決めて

自分から呼んでおいて
1回も家にいたことないいって
どういうことなんだろ…
既読すらつかない…
最長9時間待った
映画鑑賞中
ピロン
いまから泊まりに行っていい？
ねぇ、返事してよ
ピロン
なんで電話したのに出ないの？
この前もいったけど、
わたし本気で好きなの
ピロン
お願いだから！
…
彼のケータイ
これだけのことがあっても
恋愛をおわりにできなかったのは
なんで
付き合って半年たつのに
一度も名前
呼んでくれないの？
呼ぶ必要なくない？
そっか…
ごめんね
わたしが彼に依存していたからでした
こんな日々が続き…

⑱ 好きになってごめんね

こんなこともありました…
最近会えてなかったね
数週間ぶりに会わない？
来週の金曜でどう？
空いてる！
たのしみ！
Bくんと会える…
大学2年の初夏頃
ムフフ…
当日
インターホンに出ないの もう慣れましたよっと…
近くの ファストフード店で 時間つぶそう…
※彼のマンション
1時間後…
ごめん、映画観てた もうすぐ着くよ
もしもし…？
あっ
どした？
「カラオケ行きたいから 駅前のカラオケで 待ってて」って…
ほんと、行動が 読めないな…
学割で
カラオケ
そろそろ 終電なくなるし、 はやくきてくれ～
3F
2F

10分後…
カラオケ
30分後…
チラ…
パチ
1時間後…
ピロン
やな予感が…
ごめん
大学の先輩の
送別会が急に
入っちゃった
今日なしで！
えッ
もう帰れる電車
ないんですけど!?
ってか、今日会うことも
日にちも時間も全部
Bくんが決めたことじゃん!?
わたし、もう帰れないよ…
じゃあ、いま○○で
飲んでるから駅近の
ホテルで待ってて
2時ごろ行くから
お金はおれ出す
ウッ…
ウッ…

なんでわたしは
●●駅周辺のホテル
人気順
予算〜
ホテルLove
4.1
ホテル●●●
3.7
なんで…
HOTEL
サービス！
彼のことを
嫌いになれないいんだろう…
家族や友達になじめなくてずっと孤独を感じていたわたしにとって、
ねぇ
2時だけど大丈夫？
なんかあった？
電話出てほしいな…
Bくん好きだよ
わたしのこと好き？
さみしいよ…
恋愛は死んでも離したくない「唯一の希望の光」なのかもしれない
02:30
それがたとえどんなにつらくても
いまのわたしがすがる先は、恋愛しかない

結局、彼はこなかった
チュン…
チュンチュン…
なにもないのに
朝帰りか…
うう…っ
ひっ
ぐぅ…
ぐすっ…
ピロン
10:05
ホテル行こうとしたけど
先輩にツブされて
ムリだった
てか、鬼電とか大量メッセ
正直引いたわ
…
って、
え、…？
Bくん
でもこんな風に
悲しませてごめん
申し訳ないから
別れよう。

⑲ 必要とされない存在

当時は
どんなにひどいことをされても、
別れたくない…かな
依存していたわたしは関係を続けました
こんなおれのどこが
好きなのかわからない
けど、ありがとう
いいんだよ…
ぎゅっ…
しかし…
美大生のくせに
ファッション
ダサくない？
おれと一緒に
いたいならオタク
やめてよね
ドルオタ歴10年
わたしのことを否定することが
増えてきたのです
大切な私の
アイデンティティ
なのに…

※当時、青髪だった
…男受けいい感じで
なんか最近おしゃれだね
ってかやせた？
えへへ…
ダイエットしてて
2週間くらい1日1食なんだ
これで全部…
ゴミ置き場
CD
DVD
グッズ
グッズ
傷つけられても、さらに心をすり減らして
気に入ってもらおうと必死でした
精神的にも限界が近づいていたことも
気づかないふりをし続けましたが…
あー…
おれ、最近
性欲ないんだよね…
そういうのいいから

わたしって誰にも
必要とされない
存在なの…?
ぞぞぞ…
その日の明け方、
ガチャ…
わたしは耐え切れずに
彼の家から逃げ出しました
自分は大切にされてないって
いままで気づかないふりしてたけど、
こんなのもうムリだ
こんな世界から逃げ出したい
いまのわたしは
本当のわたしじゃない…!

3日後、2回目の別れを切り出され
別れよう
わかった
ありがとう
Bくんをブロックしました
ふたつ返事で返信しました
彼と別れてから3時間後…
今夜空いてますか？
仕事終わりなら！
楽しみ！
その日から、わたしは自分で自分を精神的に苦しめるようになりました
ぴーちゃんおまたせー！
じゃあさっそくホテル行きますか！
ホテル
ぴーちゃんがえっちでうれしいな！

⑳ 心を壊したい

彼と別れてから、
朝だ…
…帰るか
わたしの生活は一変しました
わたし、帰るね
おうち呼んでくれて
ありがと
孤独に耐えられなかったわたしは、
朝に自分が帰るか
人を帰らせるかしか
してないな
いろいろな人と関係を持つようになったのです

帰ってくるたびに
あんなこと
しなきゃよかったって
後悔するけど…
自分のことを
モノ扱いしないと
気が狂いそうなんだよなぁ
そりゃ、薬の量も
増えるよね
ヒョイっ
疲れたなぁ…
もう寝よう…
生理中？
大丈夫！
生でしよう！
エ、エヘ…
ぼくのお嫁さんに
なるんだから
なかに出すね
バッ

頭の中の自分↓
お前はモノ以下
そんな扱いされて
当然の存在なんだ
つらいなら
死ねばいいんじゃない？
く、薬飲まないと…！
ダメだ、飲んだ気がしない
もっと飲まないと…
うっ…
こうして、突然パニックに襲われることも
誰かに殺されそう！
このままじゃ
死んじゃう！
ガタガタ
ガタガタ
少なくはありませんでした

あぁ…
ゼェ
ヒュー
またやっちゃった
寂しさは一瞬しか埋まらないし、毎回こうしてつらくなるってわかってるけど…
この、あえて自分をモノとして扱うという自傷行為で
精神を安定させようとしてる自分もいる
このままわたしは本当に消えちゃうかもしれない
Town

恋愛感情について

わたしは恋愛がずっと苦手でした。漫画のなかでも描きましたが、毎回初対面ですぐに付き合ってしまい、すぐに別れるということを数限りなく繰り返してきたり、自分の身体を大切にしない関係を持ち続けたり…。そして、そんな自分のことを「恋愛が下手」「男運がない」と責めていました。でも、そうするしかなかったのには、じつは発達障害の特性の影響があったのです。

発達障害のあるあるとして、「あいまいなものが苦手」というものがあります。恋愛は、まさにわたしにとってはその「あいまいなもの」が山盛りです。相手が「本当に自分のことが好きなのか」それとも「ただ身体目的なのか」区別がつかないため、はたから見れば明らかに「セフレ」だったとしても、言葉で「好きだよ」といわれれば、額面通り受け取ってしまいます。「ヤリたい」を「本気で好かれている」と勘違いしてしまっていたのです。

またわたし自身の感情にも「好きか嫌いか」の2極しかなく、すこしでも相手に好意を持つと、感情は一気に「好き」に振り切れてしまいます。そのせいで、出会ったその日に付き合って傷つくということも繰り返してきました。

さらに、うつがひどかったころは「自分はぞんざいに扱われるべきモノだ」という考えから抜け出すことができずにいました。「自分は性的に消費されることでしか価値を持てない」と思い込んでしまっていたため、あえて「モノ」として扱われるようにしていたのです。「自分の身体を大切にしない」ことで、精神のバランスをとろうとしていたのでしょう。いま思えばこれは、精神的な自傷行為でした。

また、誰かを「ちょっと好き」になったら、すぐに「完全に好き」になってしまうため、なにを求められても受け入れてしまっていました。そのため、望まない行為を断れずに傷つくことも多くありました。

そんなわたしが「自分の身体を大切にしていいんだ」と気づいたきっかけは、うつの状態が回復してきたときでした。うつのときは、どうしても視野が狭くなって、自分自身に対しても頑固になりがちです。わたしの場合は「自分はぞんざいに扱われるべき存在」という思い込みから抜け出すことができずにいました。でもうつヌケしたことによって、自分を大切していいんだと、初めて思えるようになったのです。また、パレットークで働くなかで、フェミニズムやボディポジティブという考えを知ることができたことにも、大きく救われました。

もちろんいまでもまだ、内面化してしまった「自分をモノとして扱う」傾向が、完全になくなったわけではありません。向き合いきれていない部分も、まだ気づいていない自分のなかの「ねじれ」もあるのだろうと思います。

この「ねじれ」を解くのは、決して簡単なことではありません。長い年月をかけても、すこしずつ解いていけたらいいな、と思っています。

悪化した精神状態によって
―で、これらがアールデコ
…は、テストに出ます
学生生活まで完全に悪影響が出ていました
大教室
大学2年の夏
勉強なんか1ミリもわかんなくなってきたな
ぐぃっ
いま、ここで全部おわりに…

って、そんな勇気も
ないから弱いまま
なのかもしれないいな
あぁ…
バイト行きたく
ないなぁ…
2番ホームに…
店長
おはようございます
あっ、ぴーちゃん！
またお客様からクレームあって…
代わりに謝っておいたけど
さすがにミス減らしてね
なんなのこの店は！
こんな店員しかいないの!?
二度とこないわ！
閉店しました
えっ
ぴーちゃん
まだ閉店じゃないよ！

…こんなわたしって
生きてる意味あるのかな?
いっそクビにしてほしいな
んっ、
妹から電話?
もしもし?
あんたいまなにしてんの?
バイトおわったとこ
あってそ
どうでもいいけど
進路のことでお父さんと
ケンカしてさ～
ひとり暮らししたいから
東京とかの学校にしたいのに
地元にしろって
うるさいんだよね
妹・高校生
そっか…
あんたは東京で
ひとり暮らしなのにズルいよ
いっつもあんたばっかり
ひいきされてさ
ムカツク!!
そうかなぁ?

あんたがお金がかかる美大になんか行ったせいで
安い学費の学校探さなきゃいけないし
お父さんは、あんたにばっかりお金出しててほんとにムカつく
家族も、学校も、バイトも
ねーちゃんばっか欲しいもん買ってもらってズルイ!!
どこにも居場所がないそれってやっぱり…
悪いのは全部、
私が全部悪い
わたしなのかな…

㉒ 決意

とある診察の日
診察室
ガラ…
ありがとうございました…
また今日も先生にいいたいこといえなかった…
とくに…
大丈夫です…
アレもコレも
オッケーです
パソコン
考えがまとまらなくて大事なことも聞けずじまいなんだよな
もしかしたら、口で説明するんじゃなくて事前にメモとっといたら伝えられるんじゃ？
ポン
そして次の週
スッ…
いつもいいたいことがまとまらなくて…
だから、伝えたいことを書いてきました…
おっ！

メモにはいま感じている感情を書いたり、ほかには投薬の質問などなど…
①前回の診察で言えなかったのですが、本当に私が病院に行っていいのかすごく不安です。私よりも診てもらわないといけない人がいるのに、こんな私が行っていいのか分かりません。(病院に行って少しでも楽になろうとしている自分が逃げてるように感じてとても嫌です)
②自分が受け入れられなくて、生きていることが自分でも許せず、「生まれてこなければよかったのに」と、ばかり考えてしまいます。心のダメージを負いやすいとか、浪費グセでお金がすぐなくなったり、親や周りに迷惑かけてしまう自分が自分だなんて信じられない…なんというか、自分の車なのに自分は助手席にいて他人が好き勝手運転している感じというか…
No.
実際のメモの一部抜粋
すごい！さっそく読んでみるね
フム…
とにかく、伝えたいことはなんでも書きました
口で説明できなくてごめんなさい…
実はね…こうしてメモを書いてくる患者さんも少なくないんだよ
まず1つ目のことに関しては…
なるほど！

ってぃうか
文章がすごくわかりやすくて
びっくりしたよ！
美大生なこともあってか
人になにか伝えるのが
上手なんだね
えっ
ありがとうございます…
肝心な家族や周りの人には
全然伝わらなかったですけど
あはは…
いま、うつや発達障害と
闘っていることや苦しみを
誰かに発信してみるのは
どうだろう？
向いてると思うよ
ピコッ
わたしが
発信する、か…

美術コーナー
××書店
わたしなんか なんにもできないって 思い込んでたけど
わたしはやっぱり 絵が描きたいかもしれない
イラスト集
売れてます!
イラスト作品集
ただいま!
ペンタブ、ペンタブ! たしか押し入れに……!
PCで絵を描くツール
ダッ
これでなにかが変わるなら……
いや、変わらなくても 変えてやるんだ!
イラスト集

㉓ これまでも、これからも

主治医にすすめられ、
ひさしぶりに
自分から絵を描くようになり
わたしはあることを思い出しました
せんせ、
お絵かき帳、
もう全部描いちゃった
わたしは物心ついたときからずっと
絵を描くことが好きでした
まだ人間だった頃の
ぴーちゃん(5才)
ぴーちゃん、
先生のことも描いて!
せんせー
だっこー!
つくったり描いたりすることは
みんな
喜んでくれるかな…?
紙の犬
唯一誰にも怒られないこと
だったからかもしれません

そして、当たり前の流れのように
人間じゃなくなったぴーちゃん(17才)
美術コースのある高校に進学しました
いいですかー?
芸術ってものはね
癒しなの
人の心を豊かにしてくれるものなのよ
癒し、か
そういえば…
育児放棄されかけた
幼稚園のころも…
いじめのあった
小学生のころも…
人間じゃなくなった
中学生のころも…
わたし、苦しいときは
ずっと絵を描いてた…

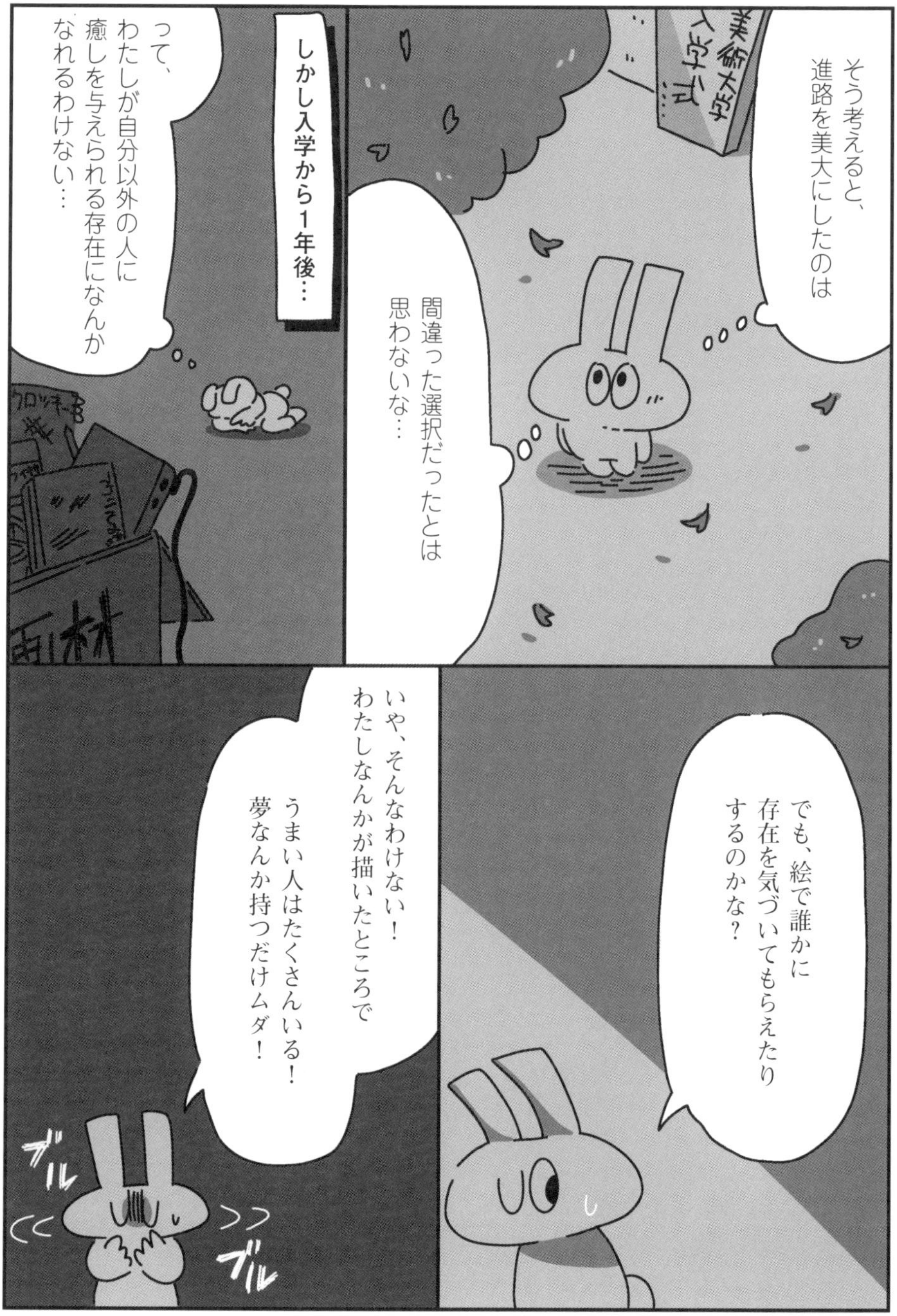

美術大学入学式
そう考えると、進路を美大にしたのは
間違った選択だったとは思わないな…
しかし入学から1年後…
って、わたしが自分以外の人に癒しを与えられる存在になんかなれるわけない…
でも、絵で誰かに存在を気づいてもらえたりするのかな？
いや、そんなわけない！わたしなんかが描いたところで
うまい人はたくさんいる！夢なんか持つだけムダ！
ブル
ブル

いままで夢にフタをしてきたけど
やっぱりわたしには絵しかない！
これからもずっと絵と
生きていきたいよ…
スケブ
次の日
In大学
とはいえ、絵と一緒に
生きていくって
どうしたらいいいんだろう…
あ、ぴーちゃん！
長いこと顔見てなかったから
心配したよ！
なんか悩みごと？
それがさ…
絵の仕事探してるんだけど…
そういえば、
うちのインターン先で
イラストレーターの
募集してたよ
紹介してあげようか？
えっ
いいの!?

㉔ これでダメなら

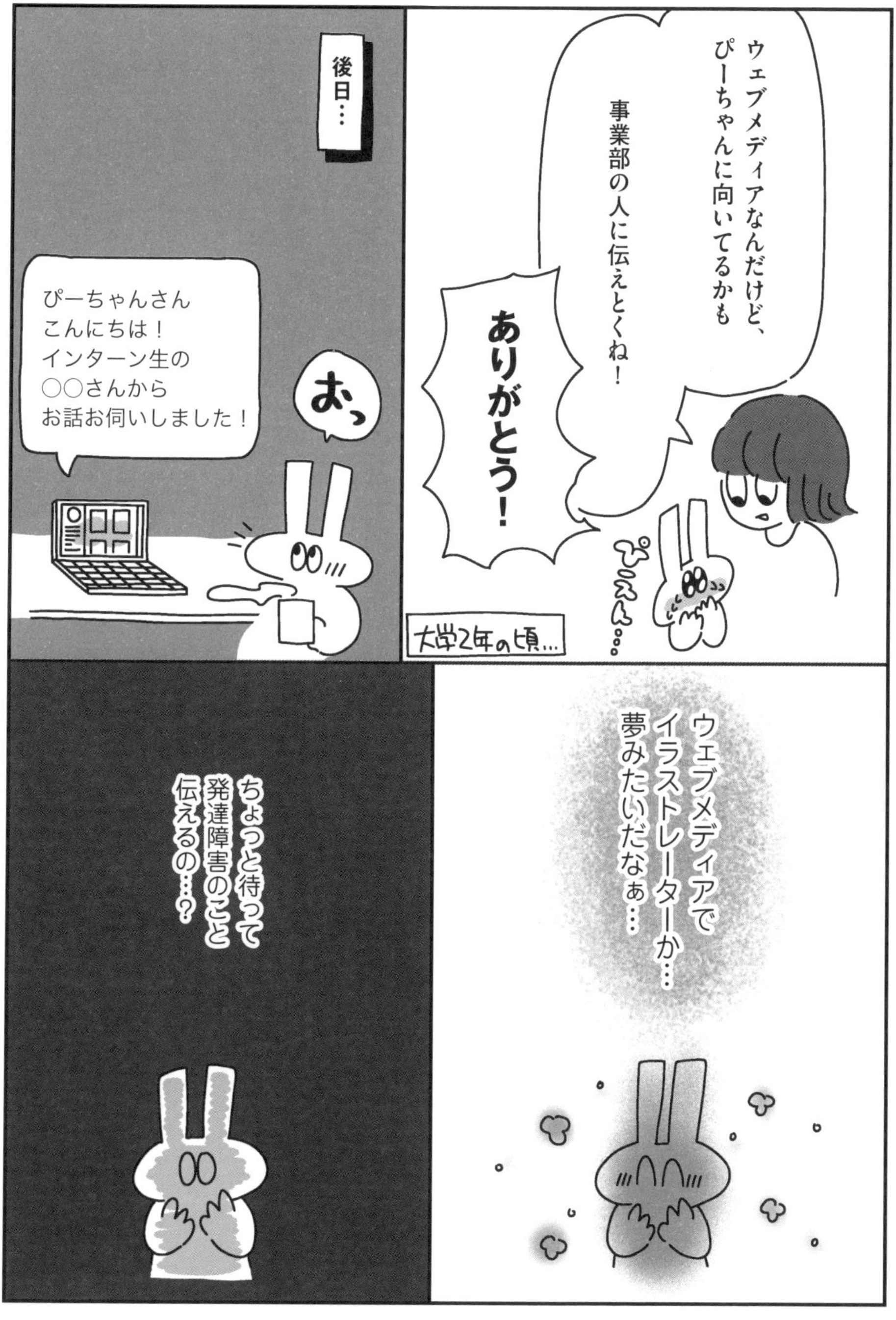
大学2年の頃…
ウェブメディアなんだけど、ぴーちゃんに向いてるかも
事業部の人に伝えとくね！
ありがとう！
ぴえん。。。
後日…
ぴーちゃんさん
こんにちは！
インターン生の
○○さんから
お話お伺いしました！
おっ
ウェブメディアでイラストレーターか…
夢みたいだなぁ…
ちょっと待って
発達障害のこと
伝えるの…？

でも、特性のことを隠して
この前の〆切、どうしたの？
えー…と…
未タスク
普通に働ける気はしないし
伝えたとしても
本当に障害なの？
仕事できないだけじゃん
…。
理解が得られるとは限らないし…
でも、もう嘘はつかずにありのままのわたしで働きたい
もしカミングアウトして失敗したり、働けなかったりしたら、この夢はきっぱりあきらめよう
それに、嘘偽りない自分でうまく働ければ
いままでの自分も報われたりするかもしれないし…
カタタ…

○○美術大学からきました、
覚えるリスト
面接まで
10日
ぴーちゃんと申します…次は…と
チラ
私服でってどうしよ…
うーむ…
一方そのころ…
明日くるぴーちゃんって子、うつのことも漫画にしてるんだ…！いろいろ聞いてみよっと
わくわく…
そして面接当日…
よし！大丈夫！
たぶん…

満員電車は
感覚過敏で死にそうだ…
ドア閉まりまーす
ぎゅう
また乗り換え!?
結構遠いんだな…
××線
のりかえ
エスカレ
うふー
こんな都会にオフィスが!?
大丈夫かわたし!?
やっと着いた…
って、1時間も
はやく着いちゃった!?
ゼェ
ハァー
まぁ…
遅刻よりマシか…
ええーッ!!
受付がない!?
せっかく練習したのに!
どうしたらいいのさ!
ナゾのPad
なんだこれ!!
××ビル

㉕ わたしにできること

ん？
もしかして君、面接の子かな？
どうしたらよいの…
あやさんだよね！呼んでくるからそこで待ってて！
ほっ…
た、助かった…
◎◎美術大学からきましたぴーちゃんですよろしくお願いします◎◎美術大学からきましたぴーちゃんですよろしくお願いします
ゴゴッ…
あれー!!
もうきたんだね〜じゃあ面接しよっか！
編集長のあやです！今日はよろしくね！
ペコリ
えっ、あっ…！よろしく、お願いします！ぴーちゃんです！

そんな緊張しなくていいよ！
うちはそんなに格式張ってやらないから
ドキドキ…
はい…
オフィス見てもらうとわかるけど、
格好もみんな私服でカジュアルな感じだし
だからもっとリラックスして大丈夫だからね
はいっ
オフィスも都会のど真ん中でびっくりしました
ずっと外に出ることもあんまりなかったのでなおさら…
たはーっ
そうなんだね
それって
うつに関係してるのかな？
送ってくれたマンガのやつ

そうなんです
とくに日中は外出するのが怖くて…
毎日朝がくると
自己嫌悪に襲われるんです
画材
でも、同じ気持ちで
生きづらさを感じてる人って
きっとたくさんいて…
LGBTQ+当事者のなかでも
生きづらさを抱えてる人って
多いと思うんです
オカマ
ホモ
女らしく
おかしい
男らしく
きもい
性別
恋愛
ぎゅう
ぎゅう
だから、
絵で伝えることで
すこしでもその生きづらさを
共有したり
知ってもらいたかったんです

たしかに、
ＬＧＢＴＱ＋だけじゃなくても
共通する話題や問題ってあるもんね…
ぴーちゃんがいれば
そこも発信できるね
じ〜ん…
それに
イラストのテイストも
うちのメディアに合ってるし
えっ！
嬉しいです！
一緒に働いてみたいかも…
一緒に、働く…
何度も言わせんな
なんでわからないの？
ふざけんじゃないよ!!
じゃあ…辞める？
やる気ないの？
常識的に考えてよ

㉖ 告白

いままで、バイト初日は
なぜかすごくできちゃって
すごい！
あれもよろしく！
頼もしい！
みんなからも
期待されるけど…
だんだんできないことや
ミスが増えてきて
なんでできないの？
ちゃんとしてよ
がっかり…
最終的には信用まで
一気に失っちゃうんだ
働く基本中の基本、
メモだってうまくとれない
メモとってない？
どういうつもり？
本当は働かないほうが
いいに決まってるのに…
また人を裏切るようなことも
うしたくないよ…
?

でも、いままでの
自分とは決別したい…
そのためにたくさん
準備もしてきた…
ギュッ…
ダメもとなのは
わかってるけど、
後悔だけは…
絶対したくない！
ぴーちゃん？
あのっ
じつは…自分、
ADHD…なんです
けど…

こんなわたしでも
大丈夫ですかね…
…ふむ
まずは
教えてくれてありがとう
アリガト…ウッ!
あのね、ぴーちゃん

わたしたちは、セクシュアリティみたいなラベルで誰かを決めつけるのは
この記事めっちゃのびたねー！
ねー！よかったー
やめようってメッセージを出しているメディアだから
発達障害だからどうこうってことはないよ
あやさーん！
できないことは別ルートでゴールを一緒に目指せばいいんじゃないかな
だから
わたしたちと一緒に、どうかな？
…はい！ぜひよろしくお願いします！

ぴーちゃんとの仕事

パレットークの副編集長、まりです。ぴーちゃんとはほぼ同じ時期にインターンとして入社して、以来ずっと一緒に働いています。ぴーちゃんと働きはじめて1年くらいがたったころでしょうか。ある日の定例会でぴーちゃんと話したことが印象に残っています。

「わたしが発達障害だと聞いたとき、どう思いましたか？」とぴーちゃんはすこし緊張した様子でみんなに問いかけてくれました。きっと「自分は発達障害のせいで迷惑をかけてしまっているのでは」という不安があったのだと思います。

「ぴーちゃんにとって苦手なことがあるってことは、一緒に働くうえで知ることができてよかったと思うよ。でも、それって『ピーナッツアレルギーの人にはピーナッツのお土産を買っていくのやめよう』と思うくらいのことで、あんまり特別視したことはないかな」

わたしはそんなふうに答えたような記憶があります（ぴーちゃんが真剣に悩み向き合ってきた障害に対して、「とくに思ったことはないよ」なんていうのはちょっと失礼かも、と思いましたが…）。そんな答えに拍子抜けしていたぴーちゃんの表情、いまもときどき思い返します。

たしかに、ぴーちゃんと働くうえでいままでしたことのない配慮をするようになりました。たとえば「突然後ろから話しかけないようにする」とか「スケジュールは優先順位を決めて共有する」といったこと。でも、そうした工夫によって「迷惑をかけられている」と感じたことはありません。なぜなら「わたしたちはみんな得意不得意を持っていて、それを補うのがチーム」という価値観を共有できているからです。そして発達障害を持っていないわたしも、他のメンバーにたくさんの配慮をしてもらっています。

たとえばわたしは、朝起きることが本当に苦手。夜になればなるほど元気になるタイプで、朝9時の出社が続くとすぐに体調が悪くなってしまいます。そこで、「みんなにとってムリのないコアタイムを決め、それ以外は自由な時間に働く」というシステムを導入してもらいました。いまではわたしが働きはじめるのは、だいたい12時過ぎです。朝の満員電車で貧血になることも多かったわたしは、おかげで毎日元気に働けるようになりました。

ほかにも「人と話すのが苦手／得意」「細かいミスに気づくのが得意／苦手」「最新の情報を集めるのが得意／苦手」などなど、編集部のメンバーは、おもしろいほどに得意と不得意がバラバラです。だからこそ「苦手な部分は工夫しよう」という視点を常に持っていますし、逆に「自分の得意なところでチームの力になるぞ！」と腹の底からやる気も出てきます。

「ピーナッツのお土産をアレルギーの人にムリに食べさせなくても、ほかに美味しいお土産はたくさんあるのだから、同じように、仕事だってうまく分担・工夫すればいいんじゃない？」という感じです。

お互いの得意不得意を尊重すること。そのうえで個人とチーム両方にとってベストな働き方を考えること。そんな考え方が当たり前の職場においては、発達障害は「ぴーちゃんという人間の一側面」以上の意味を持ちません。

これからもぴーちゃんに限らず、誰かが苦手なことがあったら一緒に解決策を考えていきます。わたしやチームの苦手なことをいつもカバーしてくれるぴーちゃんにも、感謝の気持ちでいっぱいです。

㉗ 初出社

今日から初出勤かぁ
緊張するなぁ…
ギュウ
××行き
ギュウ
ええッ!?
めちゃくちゃ満員電車!
でもあれに乗らなきゃ
間に合わないし…
ひょえ〜〜…
音
ニオイ
ぐさ
ぐさ
ぐさ
温度
うっ…
これはひと駅も
乗ってられないかも…
いったん次の駅で降りよう…
ガクリ
ゴトリ…

ひぃ…
こんなの毎日乗るなんて
大丈夫かなぁ…
吐きそう…
そして会社到着…
初日なのに遅刻って…
やっちゃったなぁ…
トホホ…
プルルルルル
書類です
の
ここはこっちのほうが…
昨日のってどれでした？
はい もしもし！
○○さーん！
ピ
って…
ここで働くの!?
ダイジョブブブ…
ミーティングしまーす！
あそこにあったと思
ヴィーン

おっ…
おはようございます
おはよー
まずは
からお願いするね
ガヤ
はい、××でございます！
はい…
ガヤ
じゃあ、よろしく！
聴覚過敏のせいで何回も聞き返しちゃったな…
罪悪感…
そういえば、学校のテストっていつからだっけ？
ちょっと待て！それは仕事がおわったあと調べたらいいじゃん
今は仕事!!
ムムム…

でも気になりすぎて
集中できない！
同じ大学のケイカさんに
聞けばいいのか！
ケイカさん！
大学のテストって
いつからでしたっけ!?
えっ…？
仕事中だけど…
なにしてるの？
あっ…

㉘「普通」に働く

や…やってしまった…
ガクリ…
うっかり特性が…
どうかした?
なんかあった?
あっ、いやその…
えっと…
なんでもないです…
サァッ…
砂
学校の話は
休み時間にしようね
みんなも仕事中だからさ
はいっ!
はあ……

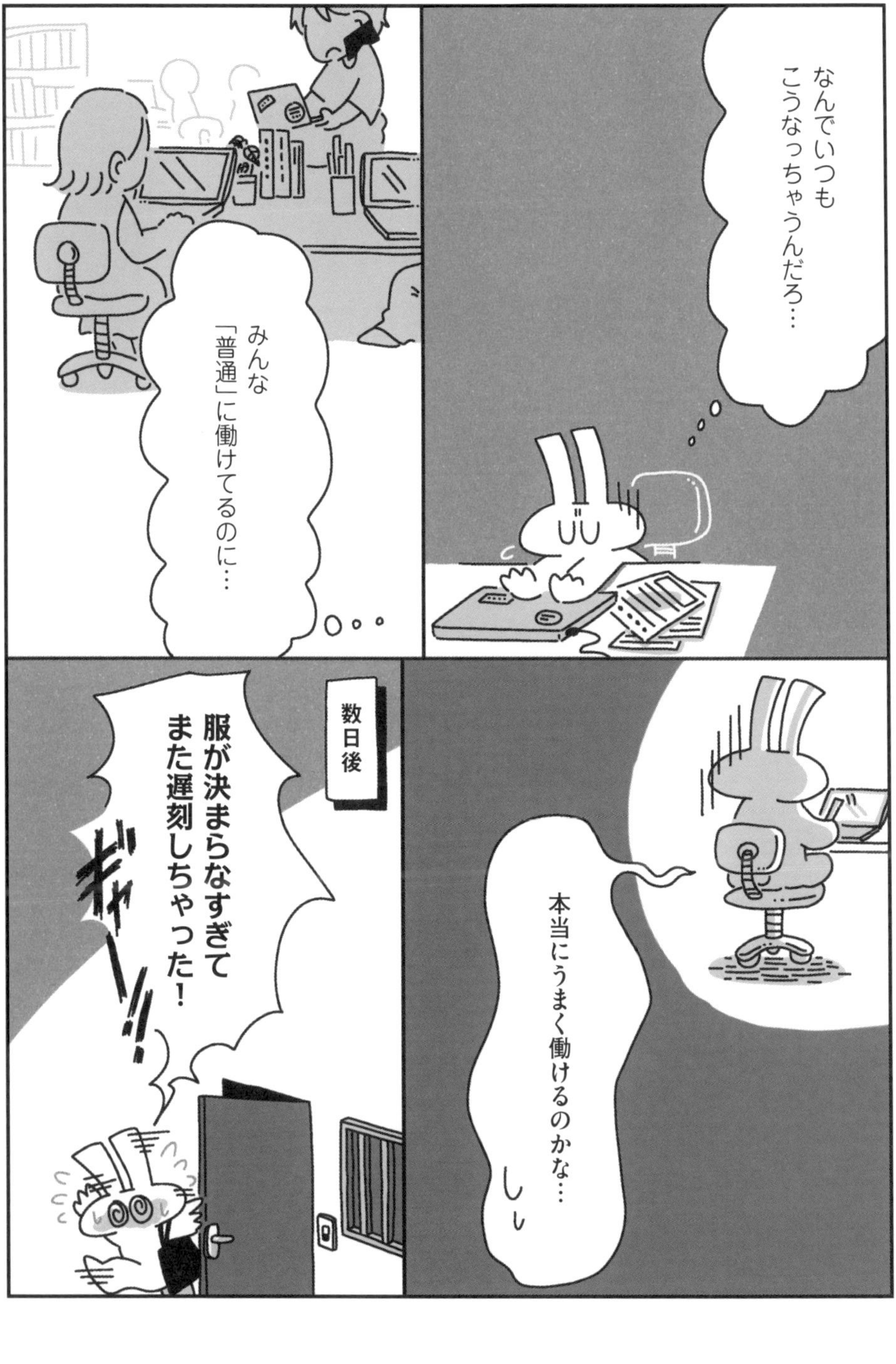
なんでいつも
こうなっちゃうんだろ…
みんな「普通」に働けてるのに…
本当にうまく働けるのかな…
数日後
服が決まらなすぎて
また遅刻しちゃった！
ギャー!!

ぴーちゃん
最近遅刻多くない？
大丈夫？
す、すみません…
次から気をつけます…
次の日
ってまた遅刻!?
時間も?!
ヤバイ
遅刻の連絡したものの
気が気じゃない…
番ホームに
電車が…
ダンダンダンダンダン
おはよ！
あれ？ 遅刻してくるんじゃ
なかったの？
お…
遅れてすみません…
ううう…
ケイカさん…

また遅刻して
すみません…
ヘナ…
ヘナ…
おはよ～
今日ははやいね！
はやい…？
だっていま、
出勤時間の1時間前だよ？
はて
えっ!?
てっきり大遅刻したかと…
さすがにちょっと
やばいかも…
これは
どうにかしないと…
あやさん
ちょっと相談が…
わたし？

㉙ わかってはいるけど

相談あるって、
いってたけど…
もしかして
働きづらいとか、ある?
この前、いきなりケイカさんに
仕事以外の話を
してしまったことや
ケイカさん!
大学のテストって
いつからでしたっけ!?
えっ…?
遅刻がなかなか直せないことが
自分でもつらくて…
わかってるのに
繰り返しちゃって…

自分でも
よくないってことも、
迷惑かけてしまってることも
わかってるんです…
でも、どうしても制御できなくて…
ぐぐ…
精神面でも
すごく焦るんです
遅刻も
家を出る3時間前には
起きてるのに
なぜか直せなくて
3時間前!?
支度に時間が
かかりすぎたり
ゴブく…
忘れ物したりで、結局
時間がなくなっちゃうんです
やべーーッ！
サイフ
忘れたーーッッ!!

遅刻は
特性だったんだね
ほかにも
困ってることはある？
うーん…
通勤だと、電車が苦手で…
ガタン
ガヤガヤ
ぎゅう
ぎゅう
キーキー
ぎぎぢがぶ…
聴覚過敏や感覚過敏で
体調を崩しがちなんです
会社だと…
ふんふん…
メモが苦手
えっと…
えっと…
ちょっといいっ
ポン
ギャー!!!
急に触られることが苦手
こっちっ
あっちっ
優先順位がつけられない
etc…

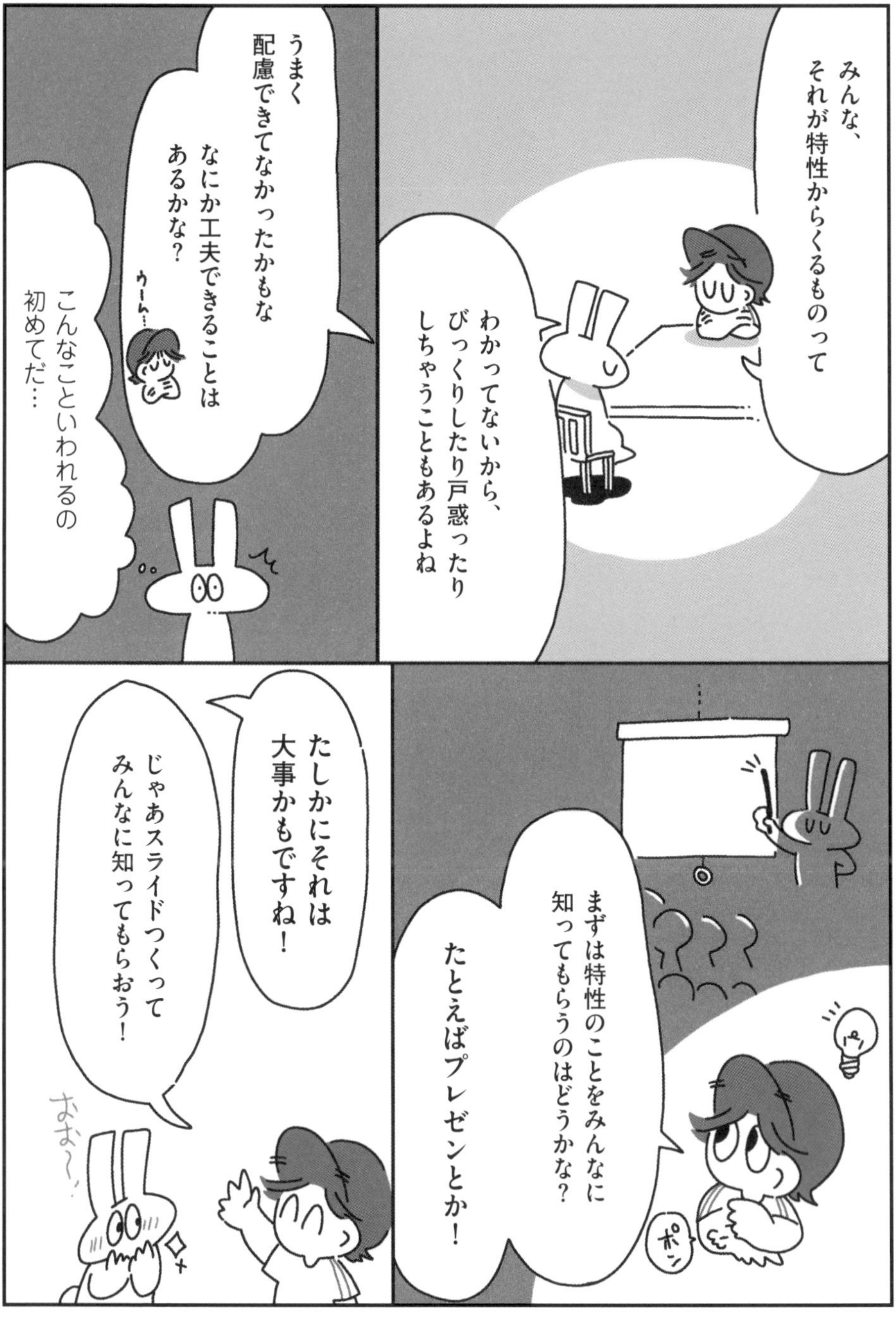
みんな、
それが特性からくるものって
わかってないから、
びっくりしたり戸惑ったり
しちゃうこともあるよね
うまく
配慮できてなかったかもな
なにか工夫できることは
あるかな？
うーん…
こんなことといわれるの
初めてだ…
まずは特性のことをみんなに
知ってもらうのはどうかな？
たとえばプレゼンとか！
ポン
パ
たしかにそれは
大事かもですね！
じゃあスライドつくって
みんなに知ってもらおう！
おお〜！

㉚ 本当に大丈夫？

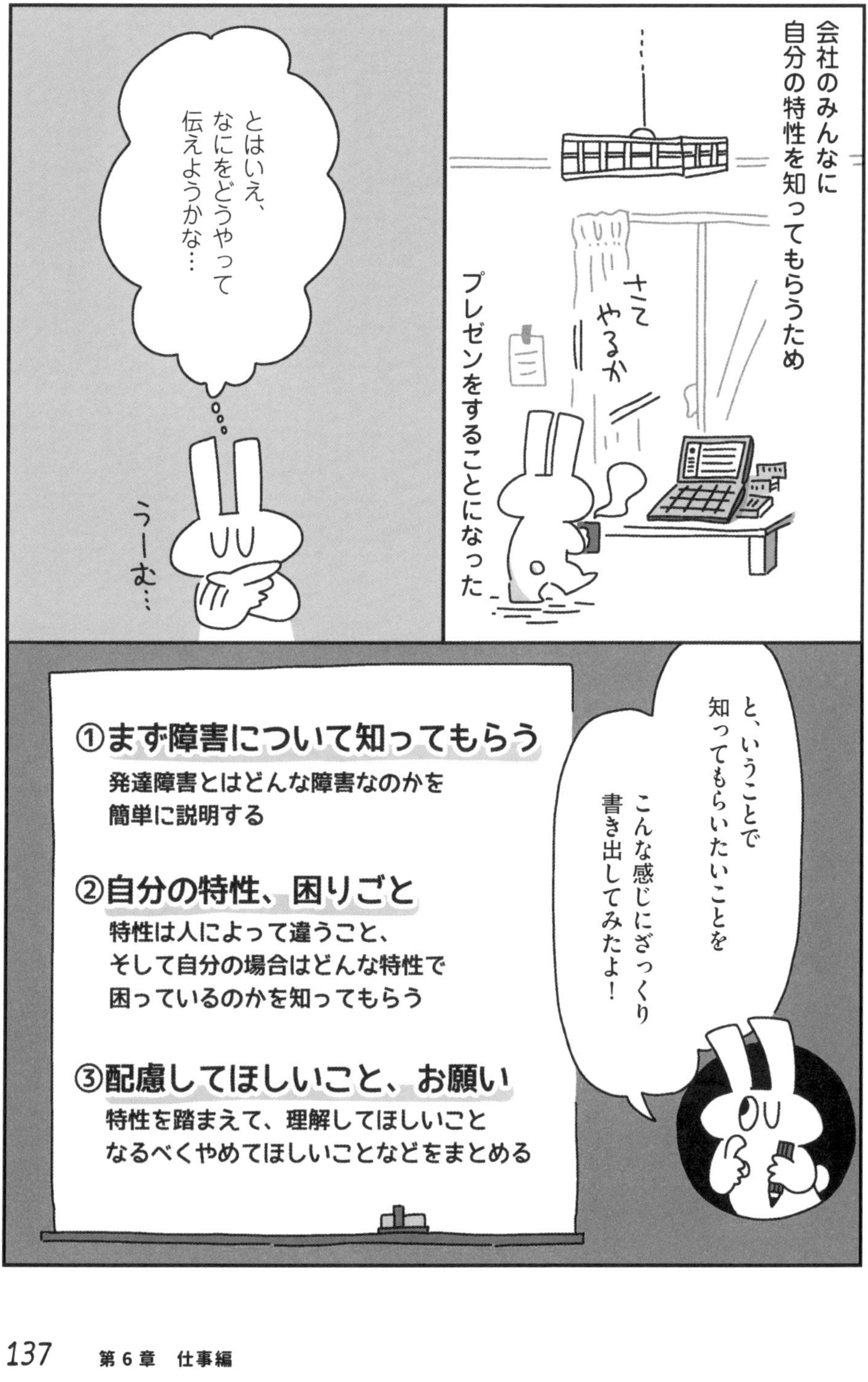
会社のみんなに
自分の特性を知ってもらうため
プレゼンをすることになった
さて やるか
とはいえ、
なにをどうやって
伝えようかな…
うーむ…
と、いうことで
知ってもらいたいことを
こんな感じにざっくり
書き出してみたよ！
①まず障害について知ってもらう
発達障害とはどんな障害なのかを
簡単に説明する
②自分の特性、困りごと
特性は人によって違うこと、
そして自分の場合はどんな特性で
困っているのかを知ってもらう
③配慮してほしいこと、お願い
特性を踏まえて、理解してほしいこと
なるべくやめてほしいことなどをまとめる

これで
まとめやすくなったな〜
明日、うまくいくといいな
カタカタ
うまくいくかな…
次の日
やっぱり
不安になってきた…
ぐぬぬ…
それ、本当に特性なの？
それならみんなADHDじゃないの…？
特別扱いはちょっとね…
こんな展開になったらどうしよう!?

ドキドキ…
おはよー！
みんな〜！
いまから
ぴーちゃんがみんなに
知ってもらいたいことを
プレゼンするので
ちゃーんと聞いてね！
お〜
わくわく
なになに?!
ギクッ
もうやるしかない！
どんなことをいわれても
受け入れるんだ！
フス！
がんばってね、
リラックス！
ぐっ！
はいっ！

もし発表しおわったとき
みんなが腑に落ちない顔
してたら…
誰かが怒りだしたら…
セッティング中
…。
またクビになったら
どうしよう…
では、
発表をはじめさせて
いただきます…

㉛ ついにクビ…？

まず、わたしの持っている発達障害について説明します
ADHDとは…
ADHD（注意欠陥多動性障害）は、
・不注意（集中力のなさ）
・多動性（落ち着きのなさ）
・衝動性（順番待ちができないなど）
といった3つの特性を中心とした発達障害のことを指します
発達障害とはこんな特性がありまして…
…というような特徴があります
ここまでは大丈夫そうか…？
じっ……
次に、お願いしたいことがあります

えっと…
うしろから急に肩をたたくのは控えてほしいです
過集中のときはパニックになったりすることもあるので…
ドキドキドキドキドキ
こんな嘘みたいなこと、みんなどんな気持ちで聞いてるんだろう…
本当の話だけど
もしかしてクビにしようとか考えてる!?
フム…
やっぱり役立たずだと思ってる!?
ヘェ〜
はやくおわれって思われてる!?
ナルホド…

ふたつ目、口頭の説明で理解するのがときどき難しいです
理解しているのか、確認する時間をちょっとだけください
何だかもわもわせんな!!
ワハハハハ
あと、聴覚過敏なので大きい音や騒がしい音が苦手です
笑い声などでもパニックになるときがあるので、気にしてもらえると嬉しいです
…以上でプレゼンはおわりです
ありがとうございました
きゅ…
パチパチパチ
みんなありがとぬー
今日の発表のせいでここで働くの、最後の日になったり…しないよね…?

本当は、そんなこというような
人たちじゃないこともわかってる
報告
ぴーちゃん:
納品しました!
AYA:
ありがと!早っ!
まり:
さすが!助かります!
でも、
もしクビになったら
素直に次を探そう
おつかれさまでーす
…もっとちゃんと
働きたかったな…
じわ…
次の日
あ、ぴーちゃん
昨日のことで
いいたいことがあるんだ
は、はいっ
ぴーちゃん、
ほんとにありがとうね
ついにクビ宣告!?

㉜ もしかして

あぁ…
ついにこのときがきてしまった
またクビになっちゃうんだ…
プルプル…
ぴーちゃん、
どした？
わたし、クビ
なんですよね？
クビ!?
そうじゃなくてね！
ちがう
ちがう！
めそそ
ぴーちゃんと働いてて、
なんとなく思ってたの
ギャー!!
ポン
ちょっと!!?
なにか困らせてるんじゃ
ないかってね
でも障害のことも
よく知らなかったし、
自分のせいなのかな
って心配だったんだ…

そしたら、ぴーちゃんが障害のことをプレゼンしてくれたからさ…
なるほど…
ぴーちゃんのことも知れたし、仕事でもすっごく助かった！
だから、本当にありがとうね！
じわぁ…
ええっ！
そんな！こちらこそです！聞いてくださってありがとうございました！
えへへ
まさか、感謝されるだなんて…
じ〜ん…

それ以降も、プレゼンのことをほめてもらうことが何度かあった
この前の発表
めっちゃよかったよ！
なにか困ったことがあれば教えてね
これおねがいね
働き方にもすこしずつ変化が出てきて…
どうしても
メモがとれなくて…
わたたっつつ
うーん…
あっ！
じゃあ
こうしてみない？
ポん
この前、プレゼンでマルチタスクが苦手っていってたよね？
質問コーナーの時に！
聞く
考える
書く
メモってマルチタスクだから、
これをバラしてみたらどうだろう？
①まずは話を聞く
フムフム…
あーだ
こーだ
②最後にメモする時間をつくる
メモメモ…
Point①
Point②

これならできそうかな?
メモのしやすさもミスも格段に減った!
すごーい!
あれ? もしかして、いま
働きやすい…?
不安だったけど、思い切ってプレゼンしてよかったのかも…
ぴーちゃんがんばってるよねー
ツゥー…
まぁ、ぴーちゃんの特性も彼女の個性だからね!

㉝ 個性って…？

特性って
欠点ぽく聞こえるけど、
それが
ぴーちゃんのよさでもあるし、
立派な個性だと思うんだよね
どんどん個性を活かして
活躍していけばいいと思うな！
個性…？
活かす…？
生きづらくて
お父さんへ
生まれてごめんなさい
育てたくもない子供なのは
分かってます
早く死ななくてごめんなさい
もう死ぬので許して下さい
すべてを捨てたくなったことも、
特性のせいで自分の夢を
あきらめかけたことも、

「個性」って言葉で
片づけられちゃうのかな？
あっ！
ぴーちゃん、ちょっといい？
さっきの聞こえてた？
障害は個性で、それを活かせばいいって話…
ぴーちゃんはわたしたちに生活に支障をきたすほど、本当につらかった障害の話をしてくれたでしょ？

それを
「立派な個性だ」って他人が
いっちゃうのは違うかな、って
それは…
わたしも
嬉しくないんです
こんな
つらい思いをするような個性
ぜんぜん、前向きに
活かそうなんて思えなくて
…わかった
あのとき、急なことだったから
わたしもうまくいえなかったんだけど、
今度そういう話が出たら
きちんとその人に話すことにするね
うん…
教えてくれてありがと！
またなにかあったらいってね
じゃ、おつかれさま！

わたしの違和感は
まちがってなかったんだ…
わたしが特性のせいで
振り回されたことを
「個性」って言葉で
片づけられるのは
なんか悔しい気がする
う゛ーん…
おつかれー!
ぴーちゃん、
このあと、空いてる?
よかったらごはん行かない?
パタン
行きます!
まりさん、わたし
気づいたことがあって…
?

㉞ うつ抜け

えっっ!?
うつ抜けした？
なにかきっかけ
あったの？
じゅううう
今日、ある言葉を
聞いてしまって…
特性は
個性…？
ゔーぐ…
そのとき、なんか
変な感情が湧いてきて…
いまになって
よく考えたら、
それって「怒り」
だったのかなーって
イラっとしたの？
なんていうか…
いままでずっと
つらい
さみしい
悲しい
怒りって感情が
ほぼなくて
ほぼ
これしかない

ほとんどの感情が
悲しいとか虚無だけで
構成されてたんです
わたしには、なぜかそれ以外の
感情を持つ資格すらないと
思い込んでたので…
ポーイ
いかり
しくしく…
それってもしかして、ぴーちゃんが
自分を取り戻しつつある証拠かもね！
自分を取り戻せる…かぁ…
食べた食べた！
また行きましょうね！
ミノ
カルビ
上タン
焼肉
食べ放題
そういえば、
なんでうつ抜け
できたんだろうね？
う〜ん…

なにかきっかけとかあったかな?
うつのときの生活は
基本18時起床
もぞ…
とにかく異常だった
1日の食事は1回のみで、そのほとんどがコンビニ
散歩がてら、ごはんを買いに行こうかな
24h
24h
スイーツフェア
ウィ〜ン
しかも…

極度の偏食だったので、基本的には
好きな味の甘いものしか食べていなかった
新発売!チョコミントケーキ
アイスコーナー
チョコミントアイス
チョコミントクッキー
ピ
ドッサリ。。。
そしてその大量のお菓子を
一度に食べきり、就寝するのだった
朝だ、寝よう
燃えるごみ
こんな生活が何カ月も続き、
もう何週間も病院に行ってないよ…
このままじゃ
うつ抜けできない…
と、思っていたとき…

㉟ 限界にはまだはやい

どうにかして、
この生活から脱却しなきゃ！
いい加減に
普通の生活に戻りたいのに…
でも…
どうしても日中って
苦手なんだよなぁ…
外には人が
たくさんいるし…
人の目も、
がんばってる人が
たくさんいるところに
出て歩くのもつらい
それに…
キャッキャッ

ギラ
ギラ
日傘
日光浴びると
なぜかとても
つらい気持ちになる…
もう今日はこれ以上
外を出歩くのはムリだ
帰ろう…
わたし、一生「普通」の生活
なんて送れないんだ…
太陽すらまともに
浴びれないなんて、
自分で自分を軽蔑しそうだ
ポン
まだ限界を
決めつけるのは
はやいですよ

あの病院の先生、優しい人だったからきっと大丈夫ですよ
でも、ほんとは怖い人かも…
こんなやつ、人間ですらないんだからうつでいるのがお似合いだ
ケッ！
ポワ！
うるさ〜いっ！
いいから病院の予約をとりなさーい！
ギャア！
キィ〜!!
はい…
しくしく…
××メンタルクリニック
夜8時まで診療中！
あれ？ここの病院、遅くまでやってたんだ…

もしかして、
夜だったら通院できる？
通院当日…
夜とはいえ、
ちょっと人は多いけど
昼間より
気分はまだマシだ…
ぴっ
メメメンタル
クリニック
7時から予約してる
ぴーちゃんです…

㊱ やってやるんだ！

こ、こんばんは…
ひさしぶりだね！
ここ最近、通院できてなくてすみません…
しゅん…
大丈夫、気にしないで
病院にこられなくても大丈夫だったならぼくは安心だよ

元気、とはいいきれなかったですけど
病院すらまともに通えない自分が受け入れられなくて…
障害とか病気のせいにはしちゃいけないような気がして…
ぴーちゃんがつらいのは障害と病気のどっちにも原因があるのは確かなんだし
していいんだよ
そうじゃないと誰だってつらいよ
ハッ…！
そ、うですか…

ずっと、
できない自分を…
ありがとうございました…
ガラララ…
診察室1
障害や自分のせいにして
逃げたくなくて
ウィーーン
おだいじに
でも、できないわたしも
わたしなんだ…
ビターン！
番ホーム
なんとなく、
あの言葉のおかげで
ちょっとだけ
自分を受け入れられた気がする
できないことも多いけど、
できることだってあるはず

そう思ったら
急にやりたいことが
たくさん出てきた！
タタタ…
レンタル
DVD・CD
シュタタッ
うつが大変なときは
大好きな映画すら
観る元気なかったから…！
タタッ
レンタル
DVD
レンタル
DVD
ガチャ
ハァ…
ゼェ…
ウイィィー…
どんなことでもいい、
したいこと、できることを
やってやるんだ！

㊲ 自分を大切にしてもいい

映画のＤＶＤなら、動く気力がなくても観られるし
いろんな価値観を勉強できていいいな～
そういえば、この監督の新作映画いま上映してるのか…観たいなぁ…
ふわふわ
レンタル DVD
でもでも！
外出するには支度しなきゃだし電車乗ったり、受付で人と会話せねばならん！
でも観たい！どうすればいいの！
うわああああああッ！
5分ぐらいで外出できる！
カンタン！
○スッピンにマスクで、メイクを時短！
○ワンピースなら1枚着るだけでラク＆時短！
まずは出かける支度のハードルを下げる作戦だ！
なるべく支度に時間をかけないくふうする！

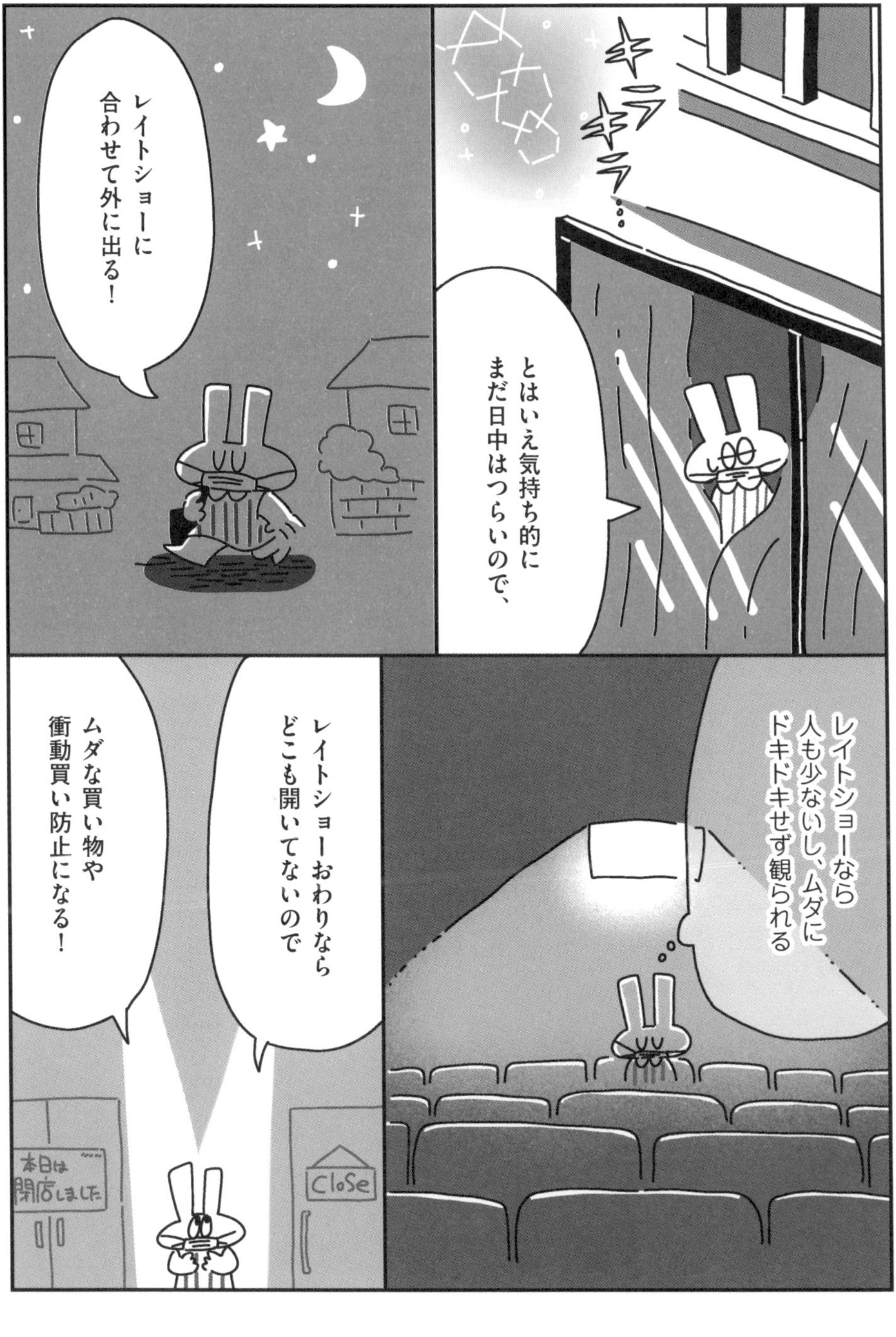
キラキラ…
とはいえ気持ち的にまだ日中はつらいので、
レイトショーに合わせて外に出る！
レイトショーなら人も少ないし、ムダにドキドキせず観られる
レイトショーおわりならどこも開いてないので
ムダな買い物や衝動買い防止になる！
本日は閉店しました
CloSe

ってなわけで
無事帰還！
ゴロン
ポーイ
できないことよりも、
できることを考えれば、
意外に
可能性は広がるなぁ
バタバタ
ということは
今日のわたしって…
ひとりで普通にやりたいこと
達成できちゃった？
こんなことぐらい
できて普通なんだよ！
できて当たり前なの！
ボワッ
おお?!

こんなことで
喜んでどうするんだ！
こんなことすら
できないのはお前ぐらいしか
いないっていうのに！
プンスコ
プンスコ
しくしく…
そんなこと
ないですよ！
小さなことでも
できたことには
変わりありません！
ポワ〜ン
ゲッ！
こうした小さな成功体験を
積み重ねていけば、
きっと自信に
つながりますよ
やめろー!!
ジタバタ
もっと自分を大切に
してもいいんです…
ギュッ…

㊳ それは突然に

通院も週1から頻度が減り、
おはよ〜ございます〜
メンタルが安定しはじめてきたころ…
むっ
今度、ぴーちゃんのことを記事にしようかなって思ってるんだぁ
わ、わたしですか!?
発達障害を持っている人と働いてる人って多いと思うけど、
カミングアウトの有無にかかわらずね!
わぁあっ
とくに経営者や上司の人たちは当事者とのやりとりに困ってる人が多い気がしてて…
ウーム…
うちらのこととかぴーちゃんの記事を書けば、
雇っている側の人たちにも考え直すきっかけになるかなって!

こうして、パレットークで「うちのインターン生はADHDです。」というタイトルのnote記事が発表された
うちのインターン生はADHDです。
1233
この前書いたぴーちゃんの記事、反響すごいね！
ヒョイッ
ほんとですか！
noteの伸び率も結構すごいよ！
すごい…コメントもきてる！
じぃ〜ん…
いろんな人が読んでくれたんだなぁ…

帰宅後…
あやさんの記事、すっごく嬉しかったなぁ
メッセージだ誰からだろ？
ピロン♪
妹？
妹は、最初に障害をカミングアウトした家族のひとりだった
当時高校生ぐらい

でもわたしへの態度は…
なんで片づけないの!?
いい加減にしてよ！
はやく起きて！
…
じつはこんな
特性があって…
あっそ
スタスタ…
なんだろう
この気まずさは…
そんな妹が…
今週のパレットークの
記事、読んだよ
!?

㊴ わたしは、人間だ

たくさんの人に見てもらえたのは嬉しいけど、
まさか妹も見てたなんて…
いままでわたしの仕事にも興味なさそうだったから感想が聞きたい…！
「どうだった？」っと…
すっごく勉強になった
なんだか考えさせられたよ
わたしってお姉ちゃんにどう接してきたかな〜って
ぴーちゃんのへや

なんで片づけないの!?
いい加減にしてよ!
はやく起きて!
もしかしたら
というか絶対、
じつはこんな特性があって…
あっそ
記事のなかに出てきてた悪い例みたいな接し方してきたのかなって
バイバーイ!!
バスもう来るよ!!
それで、思い出したの
お姉ちゃんからだ…
高校前
あんたがADHDって知ったときのこと
私ね、障害なんだって
×月×日.今
ドキッ

バスのなかで泣きながら
調べたの
どんな障害か
必死に調べたのにって…
Y.h..
ADHD
そんなこと…
知らなかったよ…
知るわけないよ…
ありがとう…
本当にありがと…
ごめんね…

自分が情けなくて、
嫌いで嫌いで死にたくなることもあったけど
もしかして、いまならいえるのかも
わたしは、人間だ
…って
ぐずっ
わたし、人間なんだよ！
うわァアアッ

㊵ 生き続けたい

チュン チュン…
チュン…
ピピピピピ…
ピピピピピ
ピピピピピ
仕事 8:00
モゾ
ピピピピ
うわ… 人間ぽい朝迎えちゃってる…
ってもう人間なのか！
あ〜〜ん

支度完了しても
まだ余裕の時間だ！
おお〜…
じゃあ
さっそく…
ガチャ…
お仕事
行ってきま〜す！
あっ
ケータイ
忘れてた…

おはよう ございまぁす！
おはよ！ 最近、電車大丈夫？
あやさんとも相談して 出勤の時間帯も 調整してもらったので
満員電車を回避して すごくラクになりました！
よかったー！
ぴーちゃん おはよう！
体調とか大丈夫？
おはよーございます！
ありがとう ございます！ すごく元気です！
最近のぴーちゃん、 生き生きしてるよね
仕事もすっごく 進んでるし！
入社当初より だいぶ成長したね！
えっ？
えへへ…い

おつかれ様です
つかれたー
おつかれ
自分を人間じゃないって思いはじめたときから
死にたいってずっと思ってたけど、
いまは心からいえる…叫びたい…！
パチ
ガラララ
わたしは、生き続けたいんだ！
ヒャ
よし！メイク落とそっと…
えッ?!
なんでー！
また人間じゃなくなってるーっ!?
つづく…？

コラム⑥

妹について

わたしの妹は小さいころからテキパキとしていて、なんでも器用にこなす子どもでした。周りからは「どちらがお姉さんかわからないね」といわれてきましたし、わたしがモタモタしていると「もういい！わたしがやるから」と、しびれを切らして先にやってしまうタイプでした。

中学生のころのわたしの精神状態はとても不安定でしたが、妹は当時からわたしの気持ちに寄り添ってくれる様子はありませんでした。わたしが上京して離れて暮らすようになってからも、その関係性は変わらず、彼女にとってわたしは部屋に引きこもりっぱなしの「人に紹介するのは恥ずかしい姉」という感じだったのではないかと思います。

それでもわたしが発達障害の診断を受けたとき、「誰か身近な人に伝えなければ」と思って一番最初に頭に浮かんだのは妹でした。父にいっても絶対に怒られるとわかっていたからです。しかしそのときも、彼女の反応は「ああ、そうなんだ。頼れる大人を探しなね」とどこか他人事のようでした。

「どうせわかってもらえないだろう」と思ってはいましたが、それでもその他人事のような対応にさみしい気持ちを感じたのをいまでも覚えています。

その後も、ひさびさに妹と会う機会があると、なにかきっかけがあるたびに特性のことを話そうとしましたが、あまり聞いてくれる雰囲気ではなく…「やっぱり、誰ひとりとして家族にわかってもらうことはできないのだ」とあきらめるようになっていました。

だからこそ、あとになって、わたしが発達障害であることを伝えたとき、泣きながら発達障害について調べたということを聞き、とても驚きました。「記事のなかの悪い例として出ていたような対応をいままでしてきてしまったと思う」という言葉を聞いたとき、わたしのなかでスーッとわだかまりのひとつが解けたのを感じました。

いま思えば、当時は妹も高校生で、姉からの突然のカミングアウトを受け入れるのは大変だったのでしょう。その後も、「障害を持つ姉」にどう対応していいのかわからずに、冷たい態度を取らざるをえなかったのかな、とも思います。

パレットークの記事を読んで、彼女が発達障害について考え直すタイミングを持ってくれたことが、いまはとても嬉しく思います。同時に、わたし自身も「家族は絶対にわかってくれない」と殻にこもっていたのかもしれない、と思うようになりました。

もちろん、まだ伝わりきっていないところはたくさんあります。それはどんな家族にもあることなのかもしれません。でも、彼女はわたしと同じ環境で育ったかけがえのない妹です。わたしと妹のコミュニケーションは、これからも続くのだと思います。

今度、妹が東京に遊びにくるときには、「会社の人と一緒にご飯に行こうね」と話しています。

おわりに

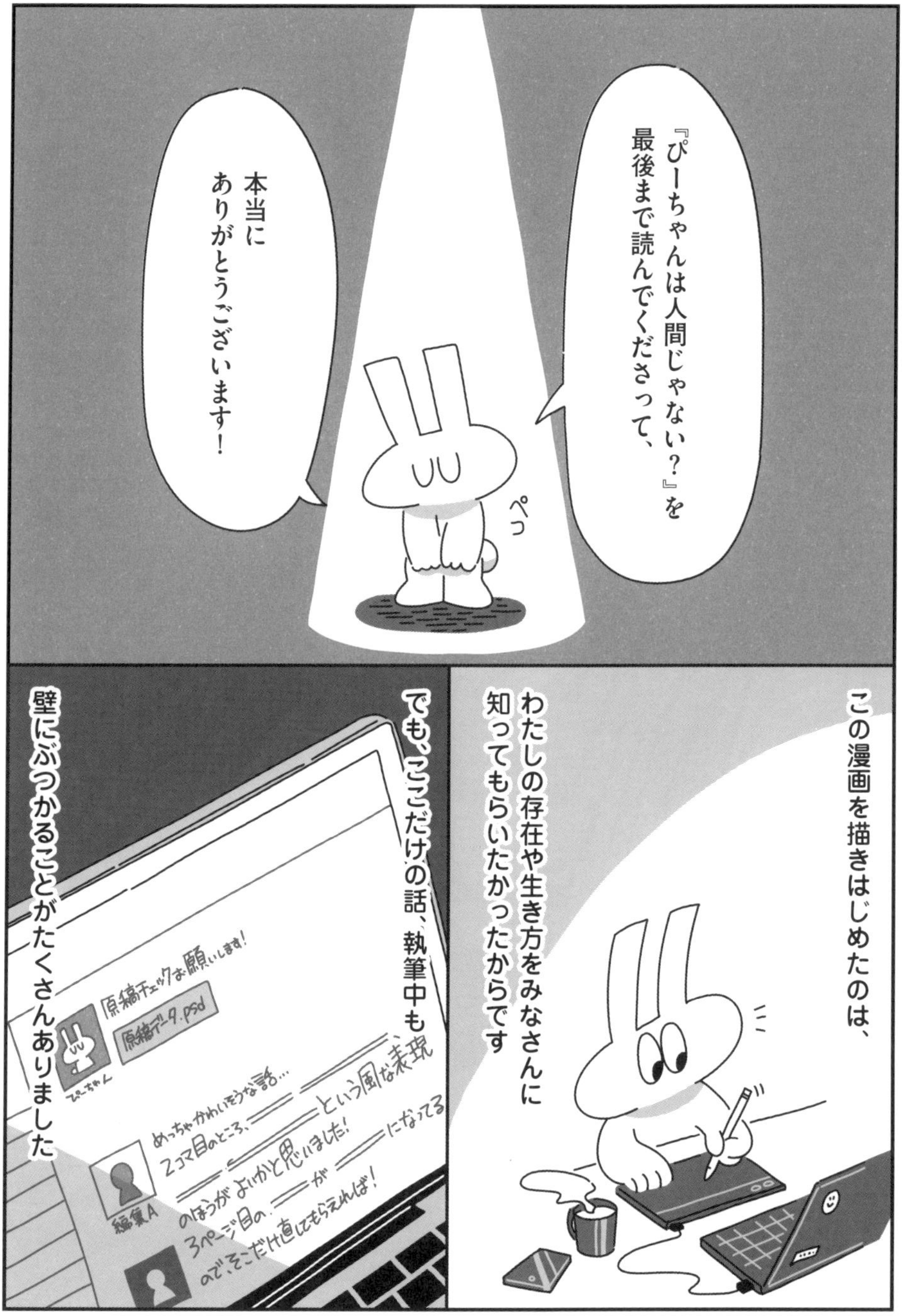

『ぴーちゃんは人間じゃない？』を最後まで読んでくださって、
ペコ
本当にありがとうございます！
この漫画を描きはじめたのは、
わたしの存在や生き方をみなさんに知ってもらいたかったからです
でも、ここだけの話、執筆中も
原稿チェックお願いします！
原稿データ.psd
ぴーちゃん
めっちゃかわいそうな話…
2コマ目のところ、　という風な表現　になってる
のほうがよいかと思いました！
編集A
3ページ目の、　が
ので、そこだけ直してもらえれば！
壁にぶつかることがたくさんありました

決して悪意がないとわかっていても、
フィードバックに傷ついてしまったり…
色いろんなフィードバック
グサ
描いているうちに
当時の気持ちがフラッシュバックして、
パニックになったこともありました…
もう描くのつらい…
こんなこと描きたくない…
でも、連載中にいただいた
みなさんからのたくさんのメッセージや
あたたかいお言葉のおかげで
何度も立ち上がることができました
めっちゃわかる!!
これからも応援してます
私も前に進もうと思えました!
ありがとうございます!
がんばれ!
救われた気持ちになれました
ぐすん…
「ひとりじゃない」と
がんばれたのも、
みなさんの
おかげなのです!
本当に
ありがとうございました!
感謝
ぴょい
ぴょい

執筆中、わたしは何度も
50% OFF
人間の自分を見失いました
わたしが人間を自認し続けるのは、
今日は早く帰ろーっと
そういうときもある
永遠ではありません
だからこそ、この先も
ちゃんと自分と向き合い続けて
またみなさんとお会いできるよう
がんばりますので、よろしくお願いします！

ぴーちゃんの お悩み相談室

読者から寄せられたお悩みにぴーちゃん本人がお答えします！

お悩み1

自分は発達障害を持っている気がします。でも、診断を受けてからどう向き合うか、診断されなかったらどうするかを考えると、怖くて病院に行けません。どうすればよいでしょうか。

P-chan's Advice

診断を受けることで自分は「障害者」だと認識することが大事なのではなく、あくまで「そのような特性を持っている」と、自分を知るためのきっかけ程度に受け止めることが大事なのではないかと思います。

診断がもらえたからといって、あなたの人間性が決まるわけではありません。診断があってもなくても、あなたはあなた。「障害」だけで自分のアイデンティティがすべて決まる訳ではない、と捉えてみてはどうでしょうか？

また、もし発達障害の診断がされなかったとしても、いままであなたが辛かったことが甘えだということにはなりません。だから、怖がらなくても大丈夫ですよ！障害の有無以外にも不安なことがあればお医者さんに相談してみましょう。生きやすさのヒントが見つかるかもしれません。

また、普段の生活で特性によって悩んでいることがなければ、ムリに診断を受けなくても大丈夫ですよ！

お悩み2

よくひとつのことに集中しすぎて、ほかのことを忘れてしまいます。忘れないコツなどはないでしょうか？

やらなければいけないタスクを可視化すると気づきやすくなるので、付箋・メモ帳・タスク管理アプリなど、自分が1番使いやすいものを見つけてみてください！

過集中の対策としてわたしが実践しているのは、とにかくアラームをかける！ということ。

たとえば「洗濯する　12時」「○○に電話　14時」「出かける準備をはじめる　15時」「家を出る　10分前」など、とにかくタスクをアラームに設定していきます。

こうすることで、やるべきことを忘れにくくなるし、次になにをすればいいのかもわかりやすくなります。1日分のタイマーを一通り設定しておけば、続けやすいです。

もし周りに人がいる環境だったら「○○時になったら『○○しないの？』って声かけて！」とお願いするのもありかも！

お悩み3

障害のない人のスタートラインが0だとすると、障害のあるわたしはいつもマイナスからスタートしているように思え、「自分の価値は低い、劣っている」と感じてしまいます。自己肯定感はどうしたら上がりますか？

その気持ち、とってもわかります……。

でも、障害の有無にかかわらず誰しも苦手な部分を持っていますよね。スタートラインの認識もその見え方もさまざまなので、じつは、そもそも人によってスタート地点はバラバラだったりします。それは障害の有無とは関係ないのではないかな、と思います。

もしかしたら別の人から見たら、あなたが先にスタートラインに立っていると見える部分があるかもしれませんよ。

大事なのはスタートラインより、どんな遠回りでも最後まで走り抜いてゴールすることだと思うので、自分のペースでよいので走り抜くことが大事なのでは！ 息切れしたら、ちょっと休んで、自分のゴールを見つけられるといいなと思います。

お悩み4

やらなければいけないことをよく先送りにしてしまいます。すぐやるにはどうすればいいでしょうか。

わたしの場合、先送りの原因は「タスクへのハードルが高い」「いま、やる気がない」の2つ。

「タスクへのハードルが高い」場合は、タスクを工程ごとに細かく小分けにしたり、取り掛かりやすいよう工程をわかりやすくするように心がけています。

「いま、やる気がない」場合は、お気に入りのカフェに行くなど、環境を切り替えるのがおすすめです。道具を買い換えてモチベーションを出すこともあります。

とにかく「自分がどんなときにやる気が出るのか」を振り返ってみて、その「やる気が出る瞬間」を自分でつくれるようになるといいかもしれません。

たとえば「ひとりだとついつい後回しにしちゃうけど人目があるとがんばれる」というタイプなら、人を呼んで作業を見てもらうことも有効かもしれません。もしくは「ここまで進んだよ～」など、知り合いに進捗報告するのもありです。

どうしても心配な場合は、やらなければいけないタスクに関連した簡単なタスクをいくつか用意して、「ついでに」という気持ちで本来のタスクに取り掛かると、案外できちゃったりします。

お悩み5

買い物が苦手です。買うものをすぐ忘れてしまうし、金銭の計算も苦手で、手持ちが足りなかったり、買いすぎたりしてしまいます。なにか対策はあるでしょうか？

これもとても共感します。

わたしの場合ですが、買い物するときは必ず「①買い物リストをつくる」「②事前に金額を調べて目安を立てる」「③大体の目安金額だけを持っていく」を実践すると買い物の失敗が少なくなった気がしています！ 目安金額が不安な場合は、2～3千円余分に持っていくと安心かも！

また、なるべく現金で払うようにしています。カードは引き落としが翌月な場合が多く、目には見えない形でお金が減っていくので、気をつけたいところ。使っているお金を可視化することで、後々のお金のトラブルも少なくなるのではないかと思います。

聴覚過敏で電車の音が頭に響くので、利用をためらうことがよくあります。なにか対策はあるでしょうか？

ノイズキャンセリングのイヤホンをしたり（最近の技術は本当にすごいらしいです！）、不快音やノイズを聞こえづらくしつつ周りの音が聞こえるタイプの耳栓などを利用するのがおすすめです！

もし電車以外の交通手段が使えそうなら、徒歩やバス、タクシーを使うのもあり。

ADHDとASDを持っています。ひとりでの作業はかろうじてできるのですが、認識のすれ違いが多いため、他人との共同作業が苦手です。仕事上のコミュニケーションを円滑にする心がけなどあるでしょうか？

まずは自分の特性や、グループ作業での不安な点を書き出してみましょう。

そのあと他の人と特性や苦手なことの共有をして、対処など「どうしたらできそうか」を話しておくとスムーズかもしれません！

仕事に取り掛かる前に、他の人と認識のすり合わせをしっかりすることで、お互い働きやすくなることがあります。

また、発達障害は目に見える障害ではないので、特性について説明しても忘れられてしまうこともたまにあります。不安な場合は対策もかねて、作業前にリマインドしておくと安心かもしれませんね！

発達障害の友人がいるのですが、日々のコミュニケーションでどこまでの範囲で、どのように配慮をすればいいのか悩んでしまいます。

特性やその度合いは人によってさまざまです。

まずは、当事者の方と「どんなことで困るのか」「どうしたら理解できそうか」「配慮が必要かどうか」「どのような配慮をしてほしいか」を話し合うことが大切だと思います。

その人が過去に困ったシチュエーションなどを聞いておくと、イメージがしやすいかもしれません。

ネットの情報や一般的なイメージから「こうすればいいだろう」と本人の合意なしに配慮すると逆に困ってしまうこともあるので、必ず「〇〇したほうがいい？」と聞くようにしましょう！

本作における発達障害の描写について

厚生労働省「みんなのメンタルヘルス 総合サイト」より

https://www.mhlw.go.jp/kokoro/know/disease_develop.html

「発達障害」とは生まれつきの特性で、「病気」とは異なります。

発達障害はいくつかのタイプに分類されており、自閉症、アスペルガー症候群、注意欠如・多動性障害(ADHD)、学習障害、チック障害、吃音（症）などが含まれます。

これらは、生まれつき脳の一部の機能に障害があるという点が共通しています。同じ人に、いくつかのタイプの発達障害があることも珍しくなく、そのため、同じ障害がある人同士でもまったく似ていないように見えることがあります。個人差がとても大きいという点が、「発達障害」の特徴といえるかもしれません。

このように、ひと口に「発達障害」「ADHD」といっても、**その現れ方には個人差**があります。

本作で描かれる発達障害の諸特性も、ぴーちゃん個人のものであり、誰にでも当てはまるわけではありません。人によってはさらに特性が強い場合もありますし、弱い場合もあります。

もし身近に発達障害をお持ちの方がいらっしゃれば、どうか**その人自身の特性を理解**するように接していただければと思います。

本作をお読みになって「自分も発達障害かもしれない」と思われた方は、ぜひ**一度勇気を持って専門の機関を受診されることをおすすめします。**なにかのヒントになるかもしれません。

また、ぴーちゃんのTwitterアカウント（@palettalk_ppp）では発達障害に関する情報やライフハックなどのアイデアも紹介しているので、ぜひフォローしてみてください！

パレットーク編集部より

「ぴーちゃんの特性プレゼン資料」ダウンロードページ

141ページでぴーちゃんが使っていた「特性プレゼン資料」を、どなたでも使いやすいようにアレンジしてみました！

下のQRコード・URLからダウンロードいただけます。

自分の発達障害などの特性について、家族、友人、恋人、職場の人などに説明したいとき、この「特性プレゼン資料」がお役に立てば幸いです。

ぴーちゃんは人間《にんげん》じゃない？

ADHDでうつのわたし、働《はたら》きづらいけどなんとかやってます

2021年1月8日　第1刷発行

著者　ぴーちゃん（パレットーク）
協力　パレットーク編集部（合田文、伊藤まり）

ブックデザイン　安賀裕子
本文DTP　臼田彩穂
編集　矢作奎太
発行人　北畠夏影
発行所　株式会社イースト・プレス
〒101-0051 東京都千代田区神田神保町 2-4-7 久月神田ビル
Tel.03-5213-4700 Fax.03-5213-4701
https://www.eastpress.co.jp

印刷所　中央精版印刷株式会社

ISBN 978-4-7816-1951-4